Grußwort

Sie steht mitten in der Stadt, direkt am Marktplatz, unsere deshalb auch »Marktkirche« genannte Dreifaltigkeitskirche, und bildet das evangelische Gegenüber zum über 1.000 Jahre alten Dom.

Umrahmt wird ihre Geschichte von zwei Stadtzerstörungen. 1689 wurde die Stadt im pfälzischen Erbfolgekrieg von französischen Truppen heimgesucht. Das prächtige Haus zur Münze, in dem 1521 von Januar bis Ende Mai die Reichstagsverhandlungen stattfanden, wurde zerstört. Welche Symbolik, dass an seiner Stelle als Zeugnis des Glaubens und der Hoffnung im Anblick der Zerstörung ein Gotteshaus gebaut wurde!

Die Kirche war als Reformationsgedächtniskirche konzipiert und sollte an dem Ort stehen, »wo Luther eh bekannt sein Wort«. »Hier steh' ich, ich kann nicht anders, Gott helfe mir, Amen!« In dieser zugespitzten, historisch nicht ganz korrekten Form sind seine Worte den Wormserinnen und Wormsern vertraut und auf dem 1868 eingeweihten Lutherdenkmal verewigt. Dabei war damals wohl nicht bewusst, dass die Verhandlung in der Luthersache in das geistliche Gegenüber des Hauses zur Münze, den Bischofshof, ausgelagert wurde. Nicht der Wiederaufbau des staatlichen Gebäudes eröffnete also für die Wormser innerhalb der Katastrophe eine Perspektive für die Zukunft, sondern die Errichtung eines Gotteshauses, eines Ortes des Gotteslobs, des Gebets und der Verkündigung und Lesung aus der Heiligen Schrift. Prachtvoll war der Bau im Stil des Barock errichtet.

Amerikanische und britische Bomber zerstörten am 21. Februar und 18. März 1945 die Stadt erneut, von der Dreifaltigkeitskirche blieb nicht mehr viel übrig. Deutschland hatte Europa mit Krieg überzogen und erhielt die Quittung. Aber auch das sollte nicht das Ende der Kirche sein: Von 1954 bis 1959 wurde sie wieder aufgebaut, aber nur äußerlich blieb sie eine Barockkirche, das Innere wurde modern gestaltet, schlicht und geräumig. Man hatte einen anderen Weg gewählt, als wir es in neuerer Zeit von der Frauenkirche in Dresden kennen. Die Wand zwischen den wunderbaren Fenstern ist ausgefüllt mit Tonbuchstaben: sie geben das Apostolische Glaubensbekenntnis nebst Luthers Erklärung aus dem Kleinen Katechismus wieder, so dass – passend zur Motivation der ersten Errichtung des Gebäudes – wiederum der Glaube zum Fundament des Neuanfangs werden sollte.

Der riesige Innenraum dieser Kirche, ursprünglich geplant als Gottesdienstraum für alle Evangelischen der Stadt, ist heute vor allem Versammlungs- und Aufführungsort großer musikalischer Veranstaltungen und besonderer Gottesdienste. Längst ist aus dem

Gegenüber zum Dom ein geschwisterliches Miteinander geworden in einer Stadt, in der die Lutheraner zwar die Mehrheitskonfession bildeten, aber stets mit anderen, Katholiken, Reformierten und Juden, zusammenleben mussten. Schon direkt nach dem Krieg, als die Dreifaltigkeitsgemeinde für ihre Gottesdienste den Dom nutzen durfte, war das ökumenische Miteinander sichtbar.

Anlässlich des 500. Geburtstags Martin Luthers tagte hier 1983 die EKD-Synode, zu den Lutherjubiläen 1971, 1983 und 1996 fanden hier ökumenische Gottesdienste statt, in denen auch Kardinal Hermann Volk und Kirchenpräsident Helmut Hild predigten.

Katholische und evangelische Gemeinden feiern den Jahresschlussgottesdienst zusammen im Dom oder in der Dreifaltigkeitskirche.

Am 31. Oktober 2012 wurde hier, in einer Stadt, die stolz ist auf ihre religiöse Vielfalt, im Rahmen der Reformationsdekade das Themenjahr »Reformation und Toleranz« eröffnet. Margot Käßmann, die Botschafterin der EKD zur Lutherdekade, predigte, Bundesinnenminister Hans-Peter Friedrich hielt die Festansprache. So sei die große Bedeutung der Dreifaltigkeitskirche für Worms kurz umrissen.

Großer Dank gebührt Dr. Fritz Reuter und Dr. Irene Spille für ihre Publikation zu diesem wichtigen und bedeutungsvollen Baudenkmal in dem kleinen Kunstführer von 2019. Jetzt erscheint das große Buch anlässlich des 300-jährigen Jubiläums der Einweihung der Kirche im Jahre 1725 mit einem Beitrag von Fritz Reuter über die barocke Kirche bis zum Anfang des 20. Jh., von Irene Spille über die Zerstörung 1945 und den modernen Wiederaufbau bis zu den Restaurierungen Anfang 21. Jh. und von Pfarrer Volker Johannes Fey mit den Betrachtungen zu den Buntglasfenstern von Wilhelm Buschulte. Möge die Dreifaltigkeitskirche das bleiben, was sie nicht zuletzt durch ihr Glockenspiel als klangliches Wahrzeichen der Stadt ist: geistliches und kulturelles Zentrum der Stadt!

Dr. Ulrich Oelschläger
(Präses der Landessynode der EKHN von 2010–2022)

Grußwort

Liebe Leserin, lieber Leser,

immer wieder mal kann man es beobachten: Touristenpärchen auf dem Marktplatz, die sich, mit dem Stadtplan in der Hand, suchend umherblicken und zu orientieren versuchen. Und gar nicht so selten zeigt der ausgestreckte Arm auf die Dreifaltigkeitskirche, gepaart mit der mal mehr, mal weniger unsicheren Frage: »Ist das der Dom?«

Ein Blick in südwestliche Richtung klärt die Verwechslung dann recht schnell, und doch spiegelt sich in dieser kleinen Anekdote das Selbstbewusstsein, das der barocke evangelische Kirchenbau in Sichtweite des katholischen Bruders ausstrahlt.

Die Protestanten hielten ihre Gottesdienste ab 1526 in der ehemaligen Dominikanerkirche St. Maria Magdalena ab, die von 1232 bis 1805 auf dem Gelände der heutigen Kaiserpassage stand. Erst 1709 begann man mit dem Bau des ersten eigenen protestantischen Gotteshauses, und dies an symbolträchtiger Stelle. Dort, wo der Pfälzische Erbfolgekrieg 1689 die säkulare, prächtige alte »Münze« in Trümmern gelegt hatte, in der die Verhandlungen des Reichstages 1521 – allerdings nicht jene gegen Luther – stattfanden. Das Ratsmitglied Johann Friedrich Seidenbender fragte sich, ob die Zerstörung der Stadt als Strafe Gottes zu sehen sei, und so beschloss der Magistrat auf dessen Antrag den Bau der Dreifaltigkeitskirche an dem Ort, wo Luther sich vermeintlich bekannte.

Erneut wurde die Stadt durch einen Krieg heimgesucht, diesmal traf die Zerstörung 1945 das Gotteshaus selbst. Tief bewegend sind Fotos aus der Nachkriegszeit, die eine abgestürzte Glocke in Trümmern zeigen; aber ebenso bewegend sind jene von Gottesdiensten innerhalb der aufgeräumten Mauern noch unter freiem Himmel. Der Wiederaufbau dauerte bis 1959, das Äußere der Barockkirche wurde wiederhergestellt, das Innere ganz bewusst modern gestaltet.

Seitdem ist die Dreifaltigkeitskirche ein Ort der Einkehr und der Begegnung; zahlreiche Konzerte und Veranstaltungen füllen sie mit Leben. So war es zuletzt auch im Rahmen des Lutherjahres 2021 anlässlich des 500. Jubiläums des Wormser Reichstages. Und so soll sie, 300 Jahre nach der Einweihung 1725, auch in den kommenden Jahrhunderten bestehen bleiben – als Haus Gottes und der Menschen.

Ihr
Adolf Kessel
Oberbürgermeister

Vorworte

Pfarrer Volker Johannes Fey

Als ich im Jahr 2009 meinen Dienst als Pfarrer an der Dreifaltigkeitskirche Worms antrat, war auch der emeritierte Direktor des Wormser Stadtarchivs, Dr. Fritz Reuter, bei meiner Amtseinführung unter den Gästen. Er berichtete stolz, dass er – obwohl mittlerweile 80-jährig – noch an einem aktualisierten Kirchenführer und sogar an einer etwas größeren Monographie arbeite. – Von Mal zu Mal, wenn wir uns trafen, erinnerten wir uns gegenseitig daran: »*Da kommt noch was!*« – Mit den Jahren jedoch war zu bemerken, dass Fritz Reuter nicht mehr die Kraft aufbringen können würde, das Opus magnum zu vollenden. Fast geriet es schon in Vergessenheit – zumal es mittlerweile auch auf der Festplatte des Reuter'schen Computers verschüttet schien. – Es ist das große Verdienst von Dr. Reuters Töchtern, dass die Rekonstruktion der begonnenen Arbeit gelungen ist – und es war ein Glücksfall, dass Frau Dr. Irene Spille, in ihrer langjährigen Verbundenheit mit der Familie Reuter und aufgrund ihrer Fachkompetenz als langjährige Mitarbeiterin in der Unteren Denkmalschutzbehörde der Stadt Worms, das Werk vollenden konnte.

Mir selbst gab das Buchprojekt die Gelegenheit, einer immer wieder geäußerten Bitte von Stadtführer:innen und Gästen der Kirche und der Stadt nachzukommen, dass doch endlich einmal eine Erklärung zu den Fenstern von Wilhelm Buschulte veröffentlicht werden möge.

Die moderne Gestaltung der Dreifaltigkeitskirche innerhalb der barocken Hülle durch Otto Bartning und die reichhaltige Bilderwelt in den eindrucksvollen Fenstern von Buschulte haben mich von Anfang an fasziniert und die Erhaltung der Fenster, die durch Witterung und Vandalismus bedroht sind, war ein wesentlicher Teil meiner Tätigkeit an dieser Kirche.

In ungezählten Kirchenführungen seit 2009 – besonders in der von der EKD ausgerufenen »Luther-Dekade« 2008–2017, als ständig Gäste aus der ganzen lutherischen Welt auf den Spuren Luthers in der Dreifaltigkeitskirche waren – habe ich mich immer wieder damit beschäftigt und eigentlich stets auch wieder Neues entdeckt. Dabei konnte ich mich auf die ersten Aufzeichnungen meines Vorgängers zur Zeit der Wiedererbauung, Pfarrer Heinrich Uhrhan, stützen. Seine Erklärungen waren freilich eher »stenographischer« Natur. Für den damaligen Hörer war vieles noch selbstverständlich und auf bloße Stichworte hin verständlich. Das können wir heute leider nicht mehr voraussetzen. Darum habe ich mir vorgenommen, in diesem Buch das Bildprogramm – in der Verwobenheit mit dem Text des Apostolischen Glaubensbekenntnisses und Luthers Erklärungen dazu aus seinem »Kleinen Katechismus« an den Wänden – ausführlich zu beschreiben, die Theologie dahinter zu beleuchten und den aktuellen Wissensstand dazu zu sichern.

Dr. Irene Spille

Es war am 18. Mai 2018. Zur 1000-jährigen Weihe des Wormser Doms wurde im Dom eine Ausstellung unter dem Titel »Aufgeschlossen …« eröffnet, an der auch ich mitgewirkt habe. Nach der Veranstaltung sprachen mich Pfarrer Fey und Oberbürgermeister Kessel, Letzterer in seiner Eigenschaft als Vorsitzender des Fördervereins Dreifaltigkeitskirche e. V., an. Es ging um das Buchprojekt von Dr. Reuter über die Dreifaltigkeitskirche. Er, mittlerweile 88 Jahre alt, musste leider feststellen, dass er das Buch nicht mehr fertigstellen können würde. – Auf die Frage der beiden Herren, ob ich mir vorstellen könne, das Buchprojekt zu vollenden, sagte ich ohne Zögern zu.

Pfarrer Volker Johannes Fey und Irene Spille (Foto: Norbert Rau)

Reuter war in meinen frühen Berufsjahren mein Chef, und es war immer eine gute, respektvolle Zusammenarbeit. 2005 berichtete er mir stolz während einer Exkursion des Wormser Altertumsvereins nach Eichstätt, dass er viel Interessantes und Neues über die Dreifaltigkeitskirche entdeckt habe, es Verbindungen nach Eichstätt gäbe und er etwas daraus machen würde.

Reuter übergab mir im Sommer 2018 das verheißungsvolle Manuskript, und drei Jahre später folgten weitere hilfreiche Materialien aus seinem Nachlass. Der Verlag für das ersehnte Buch war schnell gefunden, aber zuerst sollte ein »Kleiner Kunstführer« entstehen. Mit Elan ging es an die Arbeit, und nach den Reuter'schen Textvorlagen stellte ich das Heft »Evangelische Dreifaltigkeitskirche Worms« zusammen, das er, quasi als sein letztes Werk, an seinem 90. Geburtstag im November 2019 noch druckfrisch in den Händen halten durfte. Bei der Bearbeitung des Manuskripts bemerkte ich, dass sein Teil über den Wiederaufbau der Kirche etwas kurz geraten war und der moderne Kirchenbau einige Zeilen mehr verdient gehabt hätte. So kam es zu der Zweiteilung der Beiträge.

Auch bei scheinbar abgeschlossenen Themen können neue Erkenntnisse nachträglich auftauchen. Was Reuter noch nicht wissen bzw. nicht mehr einarbeiten konnte, habe ich als besonders kenntlich gemachte Einschübe in seinen Beitrag eingearbeitet.

Das Gedenken an das Wormser Reichstagsjubiläum 1521 als Anhängsel der Lutherdekade stand an, und man ging davon aus, dass es 2021 in Worms große und sehr gut besuchte Veranstaltungen mit zahlreichen Gästen aus dem In- und Ausland geben würde. Dazu sollte das Buch über die Dreifaltigkeitskirche als Reformationsgedächtniskirche vorliegen. Aber es kam anders ...

Gemeinsames Schlusswort beider Autoren

Der Entstehungsprozess des Buches zwischen 2009 und 2025 bildet in seiner Dynamik die Schwierigkeiten ab, die auch in der Erbauungsphase der Kirche 1709 bis 1725 auftraten: Im Jahr 2020 zeichnete sich ab, dass aufgrund der Corona-Pandemie das Reichstagsjubiläum nicht wie geplant verlaufen können würde. In Anbetracht des Ausbleibens von Gästen aus aller Welt, ausgerechnet im Jahr des Wormser Reichstags-Jubiläums 1521/2021, sahen wir für das Buch keine großen Verkaufschancen mehr. Die

Begeisterung an der Arbeit drohte zu erlahmen. Doch nachdem Fritz Reuter am 7. September 2021 verstorben war, fühlten wir uns doch unserem Versprechen ihm gegenüber verpflichtet, einen neuen Anlauf zu nehmen und das Projekt abzuschließen, zumal sich im Jahr 2025 die Einweihung der ursprünglichen Dreifaltigkeitskirche zum 300. Mal und das Datum der Wiedereinweihung nach dem Zweiten Weltkrieg zum 66. Mal jährt.

Die Kirche hat verschiedene Namen. Eingeweiht wurde sie 1725 unter dem Namen: »*Kirche zur Heiligen Dreyfaltigkeit*«. Die alten Wormser nennen sie noch heute einfach »*Marktkirche*« (rheinhessisch sogar: »*Marktkersch*«). Erst beim Wiederaufbau 1955–1959 erhielt sie – in Ermangelung eines freien Zugangs zu den Lutherstätten in der damaligen Ostzone, später der DDR – den gewichtigen Namen: »*Die Reformations-Gedächtnis-Kirche zur Heiligen Dreifaltigkeit in Worms am Rhein*«.

Wie auch immer – wir hoffen, dass wir mit diesem Buch einen würdigen Beitrag zu ihrem Jubiläum vorlegen können.

Ganz herzlich danken wir allen, die uns bei der Arbeit an diesem Buch unterstützt haben: den Töchtern von Fritz Reuter, Sigrun und Dr. Ursula Reuter, seiner Lebensgefährtin in den letzten Lebensjahren, Frau Brigitte Bablok; der Stadtverwaltung – hier insbesondere der Abteilung Stadtarchiv bzw. dem Fotoarchiv sowie der Unteren Denkmalschutzbehörde unter der Leitung von Dr. Gerold Bönnen; Dr. Burkard Keilmann und Joachim Schalk als Übersetzer von lateinischen Inschriften und Tanja Wolf für die Überprüfung des Textes einer barocken Inschrift.

Unser ganz besonderer Dank geht an Norbert Rau, der mit großer Begeisterung, Geduld und Sorgfalt die aktuellen Fotografien aufgenommen hat.

Nicht zuletzt danken wir den Sponsoren, ohne die wir die Kosten des Buchprojekts nicht hätten stemmen können:

Fritz Reuter (1929–2021; Foto: Norbert Rau)

– der EWR-Stiftung,
– der Stiftung der Rheinhessen Sparkasse,
– der Stiftung der Volksbank Alzey-Worms,
– der Kirchenverwaltung der Evangelischen Kirche in Hessen und Nassau,
– dem Evangelischen Dekanat Worms-Wonnegau,
– der Vereinigten Kasino- und Musikgesellschaft Worms

Und schließlich geht unser Dank an die Mitglieder des »Fördervereins Dreifaltigkeitskirche e.V.«, der sich die Erhaltung der Dreifaltigkeitskirche, auch durch die Unterstützung solcher Projekte, ins Statut geschrieben hat.

Worms, im Mai 2025
Irene Spille
Volker Johannes Fey

Dr. Fritz Reuter (†)

Die barocke Dreifaltigkeitskirche in Worms (1709–1725/1732)

Baugeschichte und Künstler, die erhaltene Apostelgalerie am Turm und die verlorene künstlerische Innenausstattung

1. Die konfessionelle Situation und die Kirchen in Worms bis zur Stadtzerstörung 1689

Am 31. Mai 1689, dem Pfingstdienstag, brach über Worms ein Unheil herein, das sich bereits seit einiger Zeit angekündigt hatte. Im Rahmen der »Entfestigungspolitik« König Ludwigs XIV. von Frankreich und seiner Militärs, die einen Teil der Strategie des sogenannten Pfälzischen Erbfolgekrieges (1688–1697) bildete, wurde die Stadt planmäßig zerstört. Dem militärischen Gegner, der aus einigen europäischen Staaten sowie aus Territorialstaaten des Heiligen Römischen Reiches Deutscher Nation bestand, die sich 1686 in der Augsburger Allianz zusammengeschlossen hatten, sollten keine als Festungen oder Winterlager benutzbaren Plätze überlassen werden.[1]

In der Freien Stadt Worms hatte sich bereits zur Zeit des Luther-Reichstages von 1521 eine starke evangelische Bewegung gebildet. Den in den folgenden Jahren eskalierenden konfessionellen Auseinandersetzungen innerhalb von Klerus und Bürgerschaft trat der Rat schließlich 1527 durch die Berufung des Straßburger Prädikanten Leonhard Brunner und die Einrichtung eines lutherisch geprägten »Reichsstädtischen Gymnasiums« entgegen. Damit war die Reformation durchgeführt. Obgleich die Rechte des bischöflichen Stadtherrn nicht beschnitten wurden und der Rat das kaiserlich verfügte Interim 1548–1552 streng einhielt, so dass die evangelischen Prediger Worms verließen und die Stadt für diesen Zeitraum offiziell nochmals rein katholisch war, setzten sich die Lutheraner nach Beendigung des Interims mehrheitlich durch. Nach dem Tod des letzten katholischen Dreizehnerratsmitgliedes gehörten dem Rat künftig nur noch Lutheraner an. Die Katholiken blieben zwar Vollbürger, wurden jedoch von der Mehrheit nicht in den Rat gewählt, so dass sich die Auffassung herausbildete, der Rat müsse rein lutherisch zusammengesetzt sein.[2] Die Stättmeister, die Bürgermeister und der auf Lebenszeit seiner Mitglieder gewählte Dreizehnerrat als Magistrat beanspruchten für sich die kirchliche Oberhoheit in der lutherischen Stadt. Für die kirchlichen Angelegenheiten wurde ein Konsistorium eingesetzt. Die lutherischen Pfarrer, deren Zahl zwischen zwei und vier schwankte, bildeten das Ministerium mit dem ältesten Pfarrer als »Senior Ministerii« an der Spitze.[3] Im Gegensatz zu den konfessionellen Mehr-

---

1 Vgl. Reuter, Hamman Handzeichnungen, S. 13–17; Reuter, Pfälzischer Erbfolgekrieg.
2 Zu den frühen Nachrichten über die Wormser Lutheraner und die Einführung der Reformation in Worms vgl. Reuter, Mehrkonfessionalität, S. 9–30; Reuter, Nebeneinander, S. 69–80; Jürgensmeier, Bistum Worms (Warmbrunn), S. 221–224.
3 Vgl. Diehl, Pfarrer- und Schulmeisterbuch, S. 427f.

Die Magnuskirche, hier wurde bereits von dem Reichstag 1521 im lutherischen Sinne gepredigt (Foto: Robert Scarth, CC BY-SA 2.0, via Wikimedia Commons; bearbeitet von Norbert Rau)

heitsverhältnissen mit zahlenmäßigem Übergewicht der Lutheraner blieben die Pfarr- und Stiftskirchen katholisch. Ausnahmen bildeten nur die als Pfarrkirche zum Andreasstift gehörige Magnuskirche, deren Pfarrer Ulrich Preu mit einigen Angehörigen des Stiftskapitels sich bereits 1521 der evangelischen Bewegung angeschlossen hatte, und die in schlechtem Bauzustand befindliche St. Meinhardskirche in der südlichen Vorstadt. Der Anspruch beider Konfessionen auf die Magnuskirche führte jedoch dazu, dass sie keiner von ihnen ungestört zur Verfügung stand. Die Lutheraner besaßen daher zunächst kein Gotteshaus.[4] So behalf man sich mit einem transportablen Rednerpult sowie dem »Tanzhaus« auf der Nordwestseite unmittelbar im Verlauf der Stadtmauer am Obermarkt, einem städtischen Saalbau. Dann besann sich der Rat darauf, dass sich die Dominikaner 1385 in die Bürgerschaft begeben hatten, und beanspruchte mit Erfolg das Schiff der Dominikanerkirche an der Zwerchgasse (Römerstraße) für den lutherischen Gottesdienst. Die Dominikaner mussten sich mit dem durch eine Wand abgetrennten Chor ihrer Klosterkirche begnügen. Dieser Zustand bestand bis zur Stadtzerstörung im Pfälzischen Erbfolgekrieg am Pfingstdienstag 1689, der auch die meisten kirchlichen Gebäude zum Opfer fielen.[5]

2. Die Motivation zum Bau einer lutherischen Kirche

Den »Franzosenbrand«, wie die Stadtzerstörung zeitgenössisch genannt wurde, hatten nur wenige Gebäude überstanden. Noch 1695 wohnten in dem »Stein- und Aschehaufen« nur knapp 1.000 Einwohner. Dennoch stellte der in das »Exil« nach Frankfurt geflohene Rat Überlegungen für die Zeit nach Kriegsende und einen Wiederaufbau der Stadt an. Das Dreizehnerratsmitglied Johann Friedrich Seidenbender erarbeitete »Vorschläge für die Wiederaufrichtung der Stadt Worms«, in denen es ihm neben religiösen, rechtlichen, sozialen und baulichen Fragen vor allem um die Wiederbevölkerung der Stadt ging.[6] Seidenbender sah in der Zerstörung, die über die Stadt gekommen war, den »Zorn Gottes«. Um ihn abzuwenden, müsse eine Rückbesinnung auf christliche Pflichten erfolgen. In Anlehnung an Martin Luthers Drei-Stände-Lehre »Kirche – Obrigkeit – Familie« bezeichnete er als die drei Hauptsäulen einer Erneuerung der Stadt »Gottesdienst – gute Polizei (d.h. Verwaltung) – sparsames Haushalten«.[7] Da, wie der streng lutherische Seidenbender anerkennen musste, eine rein evangelisch-lutherische Bevölkerung wegen der durch den Bischof gesicherten Rechte der Katholiken und der durch kaiserliche Privilegien gesicherten Juden nicht erreichbar war, schlug er die Aufnahme von reformierten Bürgern vor. Der Magistrat machte sich Seidenbenders Vorschläge weitgehend zu eigen. Am 7. Juni 1699 erfolgte ein Vergleich mit der jüdischen Gemeinde über deren zukünftigen Status. Eine Woche später, am 13. Juni 1699, schloss der Rat mit den Beauftragten der Reformierten einen Vertrag ab, wonach diese, wenn auch mit etlichen Einschränkungen, in der Stadt wohnen, ihre Geschäfte betreiben und ihre Religion ausüben durften. Von der Mitgliedschaft in den Ratsgremien blieben sie hingegen ausdrücklich ausgeschlossen. Es wurde ihnen gestattet, eine reformierte Kirche samt Schule zu bauen, doch durfte diese nicht an der Hauptdurchgangsstraße – Kämmerer- und Speiergasse – liegen. Der Marktplatzbereich sollte den Lutheranern für einen Kirchenbau vorbehalten bleiben.[8] Von einem Wiederaufbau des Schiffes der Dominikanerkirche als lutherisches Gotteshaus hatte Seidenbender abgeraten und sich für den baldigen Bau einer lutherischen Kirche im Herzen der Stadt ausgesprochen. Als Beispiel für deren innere Anordnung verwies er auf die evangelische Kirche zu Freudenstadt im Schwarzwald.[9]

3. Der Entwurf von Villiancourt, Baubeschluss und Grundsteinlegung 1708–1709

Die kriegerischen Verhältnisse und die Finanznot der Stadt brachten jedoch eine Verzögerung des Baubeginns für die lutherische Kirche. Die Lutheraner versuchten zunächst, mit der kleinen St. Meinhardskirche in der südlichen Vorstadt auszukommen. Dann wurde das zwar ausgebrannte, in seinen Grundmauern aber noch vorhandene städtische Tanzhaus überdacht, um als Kirche zu dienen. Erst zwölf Jahre nach dem Friedensschluss von Rijswijk 1697 konnte im Jahr 1708 der Baubeschluss von der Kirchenkanzel im später als »alte Lutherische

---

4 Zur numerischen Konfessionsverteilung vgl. Reuter, Mehrkonfessionalität, S. 37; Reuter, Magnuskirche S. 33–50; Preßler, Magnuskirche, S. 2–10.
5 Zum Eintritt der Dominikaner in die Stadtbürgerschaft vgl. Reuter, Reaktion, S. 147; Kranzbühler, Verschwundene Wormser Bauten, S. 88f.; Reuter, Hamman Handzeichnungen, S. 21–24.
6 Originalhandschrift im StadtA Wo, 1 B/26; gedruckt: Weckerling, Seidenbender; Reuter, Mehrkonfessionalität, S. 9 und 30–33.
7 Weckerling, Seidenbender, S. 1.
8 Vgl. Reuter, Mehrkonfessionalität, S. 32f.
9 Vgl. Weckerling, Seidenbender, S. 3; Walter, Dreifaltigkeitskirche 1725-1925, S. 22.

Der Bürgerhof und die Münze vor 1689, Zeichnung von Peter Hamman (Aufnahme: Stadtarchiv Worms, M 23005)

Kirche« bezeichneten Tanzhaus verkündet werden. Nach der Beurteilung verschiedener in Frage kommender Standorte, die alle in der Stadtmitte lagen, hatte sich der Magistrat für die Ostseite des Marktplatzes an der Stelle des nicht wiederaufzubauenden, vor dem Brand für Repräsentations- und Verwaltungszwecke dienenden Gebäudekomplexes »Münze« entschieden.[10] Die Planung, für die nach mehreren erfolglosen Anfragen bei anderen Baumeistern der kurpfälzische Capitain-Ingenieur Villiancourt aus Frankenthal um 1708 Grundriss,

---

10 Das Tanzhaus lag etwa an der Stelle heute Adenauerring 2/Martinsgasse 3. Zu dem 1491 von der Stadt erworbenen Komplex »Münze« vgl. Reuter, Hamman-Handzeichnungen, S. 60f., 74f., 102f. Zum Baubeschluss für die Dreifaltigkeitskirche vgl. Weckerling, Grundsteinlegung, S. 50; Diekamp, Spuren Luthers in Worms, S. 195ff.

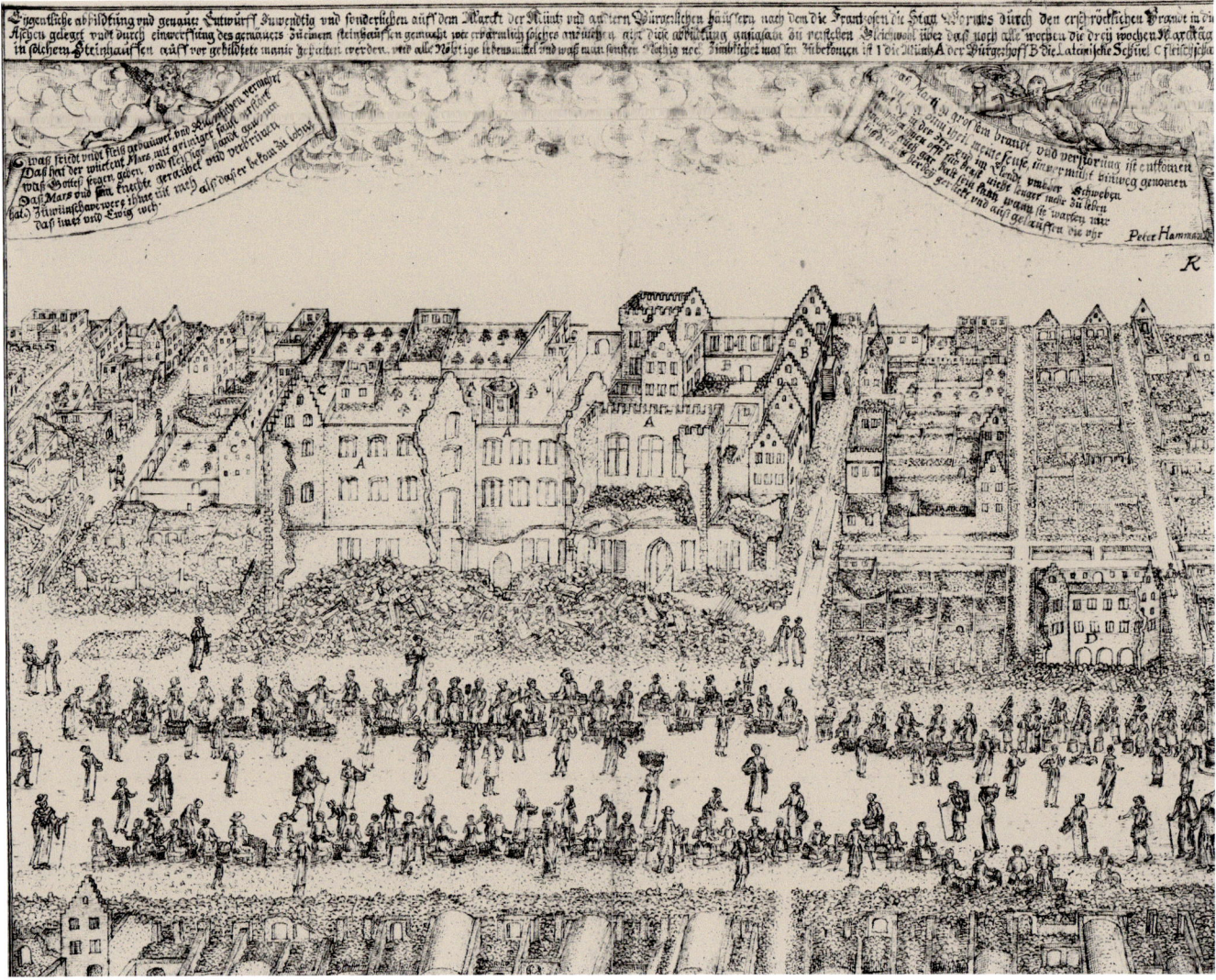

Der Bürgerhof und die Münze nach der Zerstörung 1689, Zeichnung von Peter Hamman (Aufnahme: Stadtarchiv Worms, M 10196)

Frontaufriss (Prospekt) und Kostenberechnung vorlegte, sah einen dreigliedrigen Komplex vor, der von Norden nach Süden aus Schulgebäude, Kirche und Rathaus bestehen sollte.[11] Diese Frontalansicht gibt 1709 auch ein anlässlich der Grundsteinlegung »zum neuen Kürchen und thurnbau«[12] von dem Heidelberger Münzwardein (=Münzbeamter) Johannes Linck geschnittener, wahrscheinlich in Heidelberg geprägter Schautaler wieder. Das Silber dazu wurde bei dem Wormser jüdischen Händler Jacob Manheimber (Mannheimer) gekauft; die Auslieferung der Medaille erfolgte wahrscheinlich erst im September nach der Grundsteinlegung.[13] Abgebildet ist der geplante Bau mit Schule, Kirche und Rathaus. Die Umschrift lautet:

»So setzt mich Gott nun an den Ort,
wo Luther eh bekannt sein Wort.«

Unter der bildlichen Darstellung steht:

*»SEIT GETROST **ICH DER HERR BIN MIT** EVCH«*.

Die Jahreszahl ist durch Hervorhebung der lateinischen Zahlbuchstaben MDCCVIIII angegeben.[14] Offensichtlich war daran gedacht, an die Stelle des weltlichen Repräsentationsbaus »Münze« gleichsam als Sühne für die bisher gezeigte Eitelkeit jetzt das Gotteshaus zu setzen, das zudem etwa an der Stelle errichtet werden sollte, an der Martin Luther 1521 vor Kaiser Karl V. den Widerruf seiner

---

11 Aufriss im Stadtarchiv Worms (im weiteren Verlauf StadtA Wo), Abt. 217 Nr. 1859 und Abt. 218 Nr. 129.
12 Weckerling, Grundsteinlegung, S. 53; Joseph, Münzen S. 306 f., Nr. 431 mit Tafel 14.
13 Vgl. Weckerling, Grundsteinlegung, S. 54 f.
14 Vgl. Joseph, Münzen S. 306 f., Nr. 431 mit Tafel 14.

Aufriss der Dreifaltigkeitskirche von Capitain-Ingenieur Villiancourt (Aufnahme: Stadtarchiv Worms, 513)

Thesen verweigert haben sollte. Allerdings beruhte diese Ortsvorstellung auf dem noch lange nachwirkenden Irrtum, dass dieses Ereignis im Bürgerhof, dem östlich hinter der »Münze« gelegenen Wormser Rathaus, stattgefunden habe. Luther hatte aber 1521 im Bischofshof nördlich neben dem Dom vor Kaiser und Reich gestanden.[15] Die Rückseite des Schautalers zeigt eine bildliche Darstellung der Stadt Worms im Zustand vor der Zerstörung und als Umschrift die seit dem 16. Jahrhundert auf dem Stadtsiegel zu findende Devise: »LIBERA WORMATIA SACRI ROMANI IMPERII FIDELIS FILIA« (»Das Freie Worms, die [ge]treue Tochter des Heiligen Römischen Reiches«).

Die großzügige Planung einer Gebäudegruppe mit Mittelturm, formal vergleichbar mit Mannheimer Beispielen,[16] konnte infolge eines Mangels an Geld aber nicht durchgeführt werden. Nur die Kirche wurde errichtet, sie allerdings in Proportionen, dass nahezu sämtliche damals rund 3.000 Einwohner darin Platz gehabt hätten. Villiancourt, über dessen Herkunft und Lebensweg nahezu nichts bekannt ist,[17] lässt sich als ausführender Architekt nicht nachweisen. Er verschwindet bereits 1709 aus den Akten.[18]

---

15 Diese Vorstellung spielte noch im Vorfeld der Errichtung des Lutherdenkmals im 19. Jahrhundert eine Rolle, vgl. Reuter, Lutherdenkmal Enthüllung, S. 76.

16 Vgl. Haas, Pfalz am Rhein, S. 150f.: Rathaus und katholische Kirche mit Mittelturm am Marktplatz; vgl. auch das Kaufhaus am Paradeplatz, ebenda, S. 156.

17 Villiancourt erbaute 1709–1732, also zeitlich parallel zu dem Wormser lutherischen Kirchenbau, in Frankenthal die dortige katholische Dreifaltigkeitskirche; vgl. Weckerling, Grundsteinlegung, S. 51; Dehio, Rheinland-Pfalz Saarland, S. 284. Die Vermutung bei Dehio, S. 1, Villiancourt habe 1720/30 auch die katholische Bonifatiuskirche in Abenheim erbaut, halte ich für unzutreffend. Die Kirche geht, abgesehen von dem in das 15. Jahrhundert gehörigen Untergeschoss des Turms, wohl komplett auf den nachmaligen Wormser Dombaumeister Johann Georg Endtner zurück, der auch das Rathaus des Dalbergischen Ortes Abenheim erbaut hat, vgl. Spille, Denkmaltopographie, Abenheim, S. 182 und 186.

18 Bauvorgang und beteiligte Handwerker werden ausführlich behandelt nach dem Bestand Dreifaltigkeitskirche im StadtA Wo, Abt. 111 (früher 134), von Weckerling, Grundsteinlegung; siehe dazu unten die Kapitel 4 und 5 sowie die Kapitel zu den einzelnen Künstlern.

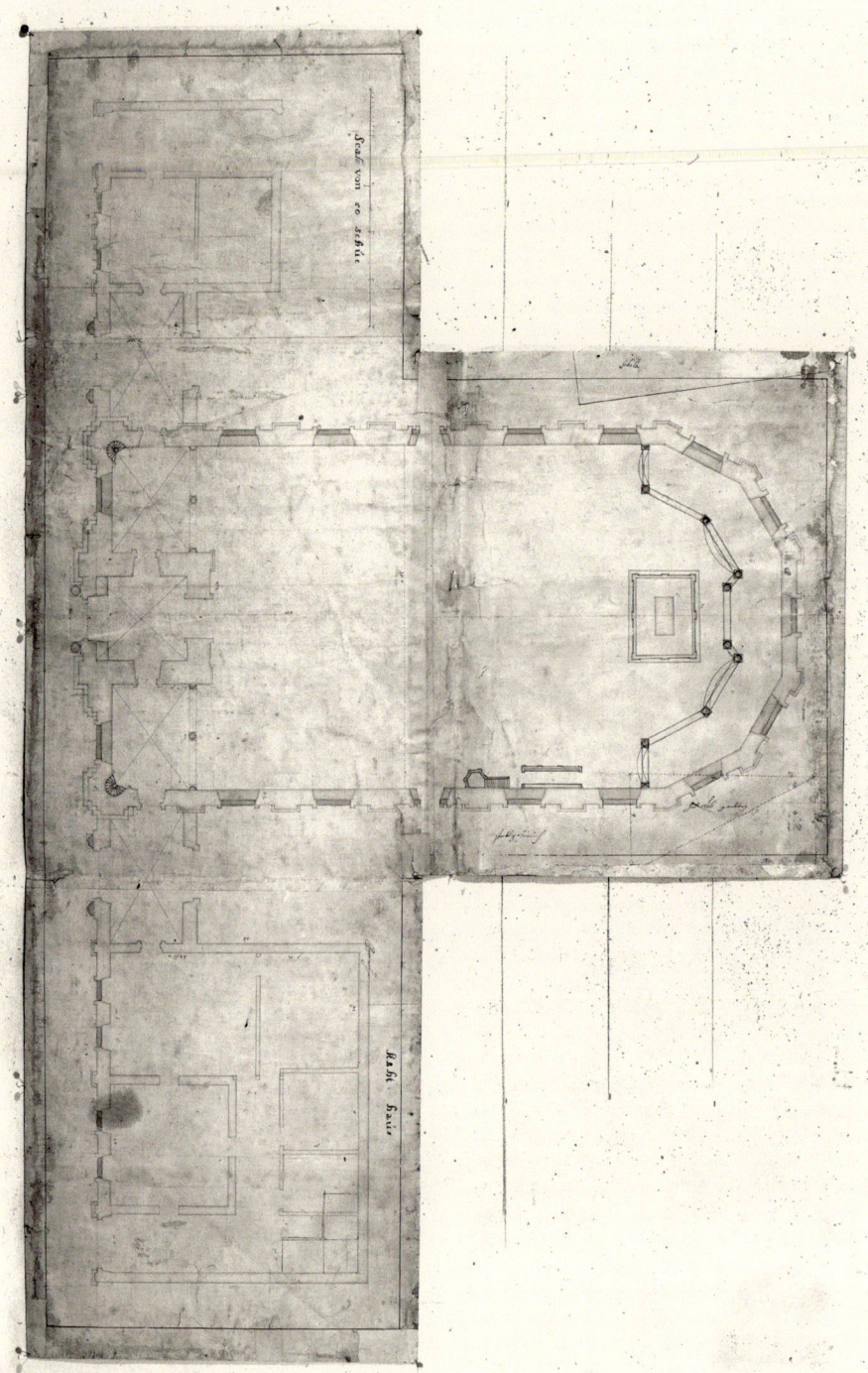

Grundriss der Dreifaltigkeitskirche von Villiancourt
(Aufnahme: Stadtarchiv Worms, M 13996)

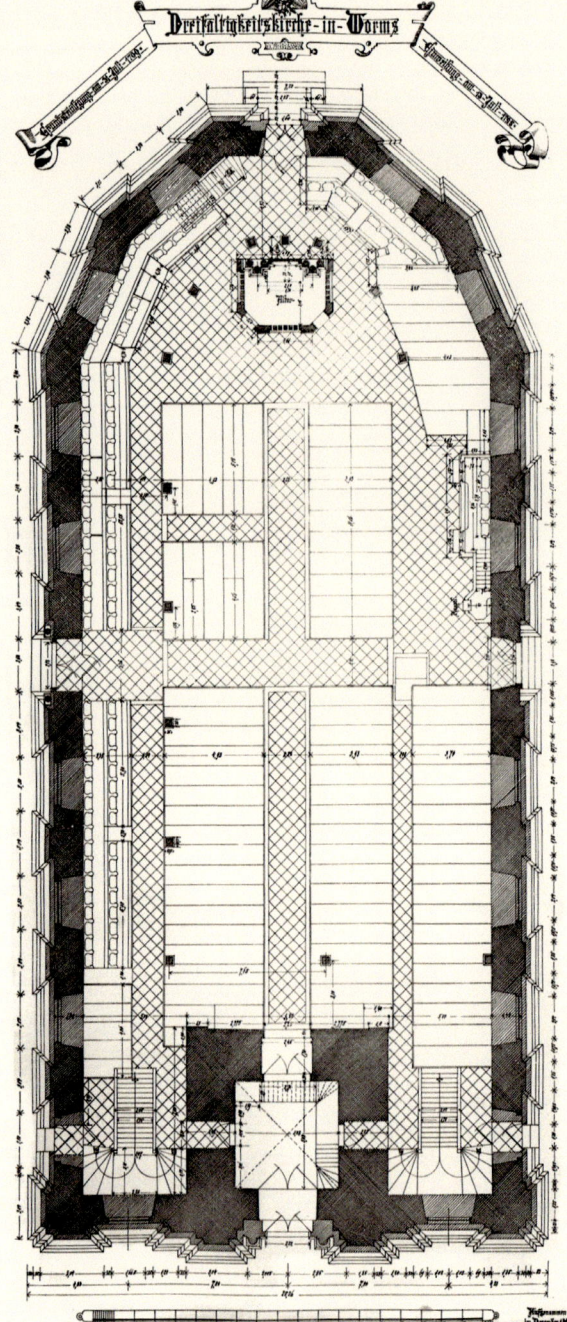

Grundriss der Dreifaltigkeitskirche, aufgenommen im Dezember 1890 von Stadtbaumeister Karl Hofmann (Aufnahme: Stadtarchiv Worms, M 13998)

Schautaler zur Grundsteinlegung 1709 (Aufnahme: Stadtarchiv Worms, 4773)

3a. Die Planungen von Villiancourt

Neben dem vielfach publizierten Aufriss von Villiancourt gibt es auch einen Grundriss, der in den Details der Frontseite zweifelsfrei erkennen lässt, dass dasselbe Gebäude dargestellt ist. Der Anbau an der Kirche rechts, nach Süden, ist als »Rath Haus« bezeichnet, und der links, nach Norden, als »Scala von so (?) Schul«. Das Schulgebäude ist um zwei Fensterachsen kürzer. Interessant wird jedoch ein Vergleich des Kirchengrundrisses mit der tatsächlich ausgeführten Kirche. In dem hier erstmals veröffentlichten Plan hat das Kirchenschiff nur sechs Achsen und dadurch wirkt die Kirche viel breiter. Tatsächlich hat aber die Dreifaltigkeitskirche sieben Achsen. Und auf dem Kupferstich von Fehr zur Einweihung 1725 wird die Kirche sogar mit acht Achsen dargestellt.[19] Auch der Altar mit seiner Balustrade hat eine andere Grundform als tatsächlich von Georgioli ausgeführt. Eine Empore, wohl für die Orgel, ist nur im Ostchor eingetragen. Niemals hätten in dieser Kirche 3.000 Menschen Platz gehabt. Das Aussehen der tatsächlich gebauten Kirche gibt der detaillierte Grundriss von Stadtbaumeister Karl Hofmann, aufgenommen im Dezember 1890, wieder.

Bei der Feinheit der beiden Risse handelt es sich keinesfalls um schnelle Handskizzen. Villiancourt wurde nur 1708/09 in Worms aktenkundig. Warum der Rat der Stadt die Zusammenarbeit mit ihm so schnell abgebrochen hat und durch eine nicht namentlich bekannte Person, vielleicht war es Maurermeister Bauer, den Plan grundlegend ändern ließ, ist nicht bekannt. Der Eingriff in die Planung war erheblich: Vergrößerung bzw. Verlängerung der Kirche um ein Joch und der Einbau von zweigeschossigen Emporen auf der Nord- und der Westseite. Die Emporenkonstruktion ist so wesentlich für die Gesamtanlage der Kirche, dass man nicht davon ausgehen kann, dass man sie einfach als nebensächlich vergessen hat, wo doch Kanzel und Pfarrstuhl wiederum akribisch in den Plan eingetragen wurden. Erst mit den Emporen wurde Platz geschaffen für 3.000 Gottesdienstbesucher.

Auch von der Turmfassade mit dem gedrungenen Turm und seiner mächtig wirkenden Kuppel hat man sich ganz schnell verabschiedet. Der Plan wurde nur bis zum Gesims unter der Apostelgalerie ausgeführt. Die Apostelgalerie und der eigentliche Turm wurden wesentlich schlichter, ohne Aufsätze und Verzierungen, aber auch viel leichter und damit enger angelehnt an das Vorbild des Turms der St. Katharinenkirche in Frankfurt/Main. Das starke französisch-barocke Element im Entwurf Villiancourts wurde aufgegeben. Es ist müßig zu spekulieren, ob man sich schon 1709 aus finanziellen Gründen von dem Architekten getrennt hat, so wie man wohl aus nämlichem Grund den Bau eines Rathauses und eines Schulhauses verworfen hat, oder ob die Zusammenarbeit aus anderen Gründen aufgegeben wurde.

---

19 StadtA Wo Abt. 217 Nr. 1634 und Kapitel 7; Grundriss von Stadtbaumeister Karl Hofmann, StadtA Wo Abt. 218 Nr. 130.

Das Rathaus in Mannheim, im Vergleich zur geplanten Anlage der Dreifaltigkeitskirche (Foto: Hubert Berberich/HubiB, CC BY 3.0, via Wikimedia Commons; bearbeitet von Norbert Rau)

Mitte 1709 waren die Arbeiten an der Fundamentgrube für den Turm so weit fortgeschritten, dass am 31. Juli 1709 die feierliche Grundsteinlegung erfolgen konnte. Den musikalischen Rahmen bestritten die Stadtmusikanten. In einem festlichen Zug und in festgelegter Ordnung wurde vom Lindenplatz zur Baustelle gezogen. Zuerst kamen die Lehrer und Schüler der deutschen Schule, denen die Lateinschüler mit ihren Professoren folgten. Einige besonders schön gekleidete Knaben trugen die »Insignia«, die in die Grundsteinkiste zu legenden Stücke: fünf Zinntafeln mit einem in Latein abgefassten »Elogium«, die Grundsteinlegungsmedaille (vermutlich als Erstabschlag), eine Flasche Wein, eine Auswahl von Stadtmünzen, schließlich etliche »heilige Bücher«, darunter ein 1708 in der Wormser Druckerei Kranzbühler gedrucktes neues Kirchengesangbuch. Die Nächsten im Zug waren die Pfarrer, denen die Mitglieder des regierenden Dreizehnerrates und des Gemeinen Rates folgten. An der Fundamentgrube angekommen, erklang zuerst Gesang, vermutlich der Schüler. Daraufhin sprach Pfarrer Johann Nikolaus Speck ein Gebet.[20] Dann ließen sich die Stadtmusikanten hören, bevor Pfarrer und Senior Meel[21] die Festpredigt hielt. Er legte ihr eine Stelle aus Haggai 2,4 (5) zugrunde: »*Sei getrost, alles Volk im Lande, spricht der Herr, und arbeitet, denn ich bin mit euch*«. Noch einmal erklang Musik. Dann legte der Regierende Stättmeister Johann Franz Knode[22] den Kasten mit den Insignia in den Grundstein. Das Dankgebet und den Segen sprach Pfarrer

---

20 Johann Nikolaus Speck, geb. 5.12.1669 in Idstein, gest. 10.7.1724 in Worms; Pfarrer in Worms 1693–1724, seit 1720 zugleich Senior. Diehl, Pfarrer- und Schulmeisterbuch, S. 431.

21 Johann Heinrich Meel, geb. 8.8.1657 in Straßburg, gest. 8.9.1720 in Worms. Pfarrer und Senior in Worms 1698–1720. Diehl, Pfarrer- und Schulmeisterbuch, S. 431.

22 Johann Franz Knode wurde 1697 in den Dreizehnerrat gewählt und starb 1731 in Worms im Alter von 62 Jahren. Sein Grabstein in der Dreifaltigkeitskirche wurde 1945 zerstört. Zur Erinnerung wurde auf dem Treppenabsatz vor dem Altarraum, links, in die Bodenplatte eingemeißelt: Johann Franz Knode / Ratsherr, reg. Schultheiß Stättmeister, geb. 14.6.1669, gest. 28.4.1731, Grundsteinleger der Kirche.

Grundstein und Inschrift der Kirchenbaudeputierten Wirnhirn und Weise (Foto: Norbert Rau)

Inschriftstein von Kirchenrechner Jakob Friedrich Leopard (Foto: Norbert Rau)

Lautz.²³ Den donnernden Abschluss bildete eine Gewehrsalve der Bürgerwehr. Zudem krachten Böllerschüsse.

Der runde, mit Quadern eingefasste und daher viereckig wirkende Grundstein war im Westen gelegt worden: *»in ein Eck des Thurns, in der front auff dem Marckt rechter Hand, doch innerhalb der Kirchen Fundament Mauer, und zwar also gelegt, dass durch eine kleine Stegen (sc. Treppe) man dazu kommen kan ...«.* Da lag er also, aber nicht lange ungestört. Denn aus nicht ganz ersichtlichen Gründen (eventuell wegen Grund- oder Kondenswasser?) wurde der Inhalt des Bleikastens herausgenommen und jahrzehntelang beim jeweiligen Kirchenrechner aufbewahrt. Schließlich ging sogar das Wissen um die Stelle verloren, wohin der Grundstein einst gelegt worden war. Man vermutete ihn neben dem Altar, fand ihn jedoch schließlich samt »bequemen Stufen« im Westen südlich neben dem Turm. So wurde 1825 beschlossen, zu den vorhandenen »Insignia« noch ein aktuelles Kirchengesangbuch und einen Katechismus sowie je eine Erinnerungsmedaille an das 3. Reformationsfest (1817) und an die Vereinigung der »beiden evangelischen Konfessionen«, also der Lutheraner mit den Reformierten im Jahr 1822, hinzuzufügen. So berichtet es der seinerzeitige Kirchenrat Graf, der auch alles organisierte. Am 31. Juli 1825 wurde der Grundstein feierlich wieder komplettiert.²⁴ An dieser, seiner ursprünglichen Stelle liegt er samt Inhalt noch heute.

---

23 Johann Michael Lautz, geb. 7.12.1674 in Auerbach, gest. 20.10.1738 in Worms. Pfarrer in Worms 1698–1738, seit 1724 zugleich Senior. Vgl. Diehl, Pfarrer- und Schulmeisterbuch, S. 431.

24 StadtA Wo 111/53: Bericht Grundsteinlegung und Beschreibung des Grundsteins samt Inhalt. Zum zeitweiligen Verschwinden des Grundsteins und seines Inhalts sowie seiner Wiederauffindung und dem Neueinbau an der alten Stelle vgl. Weckerling, Grundsteinlegung S. 55f.; Denkschrift 1959, S. 18 (Uhrhan). Zu den Stadtmusikanten vgl. Reuter, Stadtmusikanten, S. 262–265.

3b. Der Grundsteinraum im Keller

Die Grundsteinlegung wurde zwar schon besprochen, bedarf jedoch einer Ergänzung. Wie eine kleine Gruft mutet der tonnengewölbte Grundsteinraum, ein Kellergewölbe an der Südseite des Turms unter dem Versammlungsraum an, mit bislang unpublizierten Inschriften. In der Südwand befindet sich ein etwa rechteckiger, unregelmäßig geformter Inschriftenstein aus Sandstein mit einem Text, der wohl erst 1959 vergoldet wurde:

> IACOB.FRIDE
> RICH LEOPARD
> MDCCIX

Zwischen den Zahlen befindet sich Füllwerk, das den Zusammenhang eher verunklärt. Jakob Friedrich Leopard war Kaufmann und Kirchenrechner.[25]

In der Nordwand, ziemlich mittig, steht auf Bodenniveau die steinerne Grundsteinkiste, von der nur die Vorderseite sichtbar ist, geschmückt mit dem Christogramm Chi-Rho. Am 31. Juli 1959 gab es eine kleine Feier zum 250. Jahrestag der Grundsteinlegung, zu diesem Zeitpunkt war der Wiederaufbau der Kirche in der Endphase. Nach der Weihe der Kirche wurde dann für einige Zeit der alte und der neu ergänzte Inhalt des Grundsteins in einer Ausstellung gezeigt. Die Schließung des Grundsteins erfolgte erst am 31. Oktober 1960.

Darüber, unter dem Gewölbeansatz, befindet sich eine lange, rechteckige Inschrift, die auf den Baubeginn verweist:

> NOVI TEMPLI STRUCTURAE EX COLLE
> GIO XIII VR ALI PRAEFECTI CURATORES
> JOH PET WIRNHIRN ELIAS CHRISTOPH WEISE

Die Übersetzung lautet etwa folgendermaßen:

> »Dem Bau der neuen Kirche (wurden) aus dem Kollegium der 13 Männer (= Dreizehnerrat) die Verwalter (Kirchenbaudeputierte) vorangestellt Johann Peter Wirnhirn (und) Elias Christoph Weise.«[26]

Die Herren Wirnhirn und Weise sind aktenkundig als Kirchenbaudeputierte.[27] In der Einweihungsschrift von 1725, Wormbsisches Denckmal, wird das 16 Jahre zurückliegende Ereignis folgendermaßen beschrieben:

> »Hierauf haben die Herrn Rats-Kirchen-Deputierten so da waren: Herr Johann Peter Wirnhirn des Beständigen Rats und alter Schultheiß seel. und Herr Elias Christoph Weis des Beständigen Rats und iztmaliger (sc. jetziger) Stättmeister nebst dem aus Löbl. Bürgerschaft dazu gezogenen Kassierern Herrn Fridrich Jacob Leopard nunmehr des beständigen Rats und alten Bürgermeister ... allen möglichen Fleiß angewendet um dieses heilsame Werk zu befördern.«

4. Forcierte Bautätigkeit ab 1721; Kontakte nach Frankfurt und Speyer

Im Gegensatz zu dem von Böllerschüssen und Musik samt geistlicher Segnung begleiteten hoffnungsvollen Auftakt gingen die Arbeiten am Fundament und dem aufgehenden Mauerwerk zunächst jedoch nur langsam voran. Als Baumaterial fand Trümmermaterial der 1689 zerstörten Steinbauten sowie in der Pfalz frisch gebrochener Stein Verwendung. Der gesamte Bauvorgang sollte sich 16 Jahre hinziehen. Erst ab 1721/22 wurde zielstrebig auf eine Fertigstellung der Kirche hingearbeitet. Zu diesem Zeitpunkt war der Turm unfertig und das Schiff besaß noch kein Deckengewölbe. Um weiter arbeiten zu können, infor-

Die Katharinenkirche in Frankfurt diente als Vorbild für die Wormser Dreifaltigkeitskirche (Aufnahme: Archiv der evangelischen St. Katharinen-Gemeinde Frankfurt)

---

25 Vgl. Weckerling, Grundsteinlegung, S. 52; Wormbsisches Denckmahl.
26 Weil es sich hier um die Erstveröffentlichung handelt, danke ich den Herren Dr. Burkard Keilmann und Joachim Schalk für die Hilfestellung bei der Übersetzung.
27 Wormbsisches Denckmahl; Weckerling, Grundsteinlegung S. 52.

Ebenso diente die Speyerer Dreifaltigkeitskirche als Vorbild für Worms (Foto: Thomas Klenner, Horst Poggel)

mierten sich die Wormser Bauhandwerker Adam Bauer (Maurermeister), Johannes Bernhardt (Zimmermeister)[28] und Johann Nicolaus Körner (Schlossermeister)[29] bei einem Besuch in Frankfurt über Bauweise, Höhe und Gestalt des Katharinen-Kirchturms. Ihr erhaltenes »Verzeichnus wie Es sich der augenschein befundten hat, an dem Kadterinen Thurm in franckhfurt« ist nicht datiert, gehört jedoch mit großer Wahrscheinlichkeit in die erste Hälfte des Jahres 1722. Es enthält genaue Maßangaben, technische Details und den Hinweis, dass einiges in Worms ebenso gemacht werden könne. Auch zur Konstruktion des Gewölbes finden sich einige Angaben: »*Was an belangt das gewelb in der Kirchen ist alles von Holtz und borth (sc. Bretter) gemacht, und alles wohl mit Eysen an das gebelckh an gehenget, und seindt auff ider seithen acht gredt, und stehen auff trag steinen.*«[30] Wegen der Ausführung des Dachwerkes und des Gewölbes sahen sich die Dreizehnerratsmitglieder und Kirchenbaudeputierten Daniel Weyher und Johann Friedrich Moritz sowie als Protokollant Ludwig Nikolaus Meckel, Mitglied des Gemeinen Rates, am 16. Juli 1722 die neue lutherische Kirche in Speyer an. Es fehle bisher, heißt es in ihrem Bericht, in den vorhandenen Rissen und Vorschlägen an genauen Angaben, wie am Bau weiterzuarbeiten sei. Daher habe man sich die Speyerer Dreifaltigkeitskirche angesehen und sei dort vom Bauschaffner informiert worden, was beim Bau in Worms zu beachten und zu verbessern sei. Dann folgt eine detaillierte Aufstellung einzelner Beobachtungen. Punkt 8 be-

---

28 Bernhardt zeichnete den Plan für den Dachstuhl, starb aber vor dessen Ausführung. Die Ausführung übernahm der Zimmermeister Johann Heinrich Bertholdi, vgl. Weckerling, Grundsteinlegung, S. 58; Kapitel 6a.

29 Körner schuf 1723 das Kirchturmkreuz, vgl. Weckerling, Grundsteinlegung, S. 58.

30 StadtA Wo, 111/60.

Die Dreifaltigkeitskirche von Süden vor 1891, mit der alten Wache im Süden und der als Insel bezeichneten Häuser im Norden (Aufnahme: Stadtarchiv Worms, 5224a)

trifft das Gewölbe: »*Ist unter dem Gebälck ein Creutzgewölb uff Steinarth eingericht, die Bögen von Eichenholtz*« und mit Eisen am Dachgebälk angehängt. Das von oben herab tief zwischen die Fenster gezogene Kreuzgewölbe steht auf »Tragsteinen« (Kragsteinen in der Wand) und läuft über den Fenstern herum. Es folgen Hinweise auf die »Borkirche« (Bordkirche = Emporen). Abschließend wird anerkennend vermerkt: »*Dieser Kirchenbau vom Dachwerck ist nicht nur sicher und wehrhafft, sondern das Gewölb auch nach seiner Höhen ansehnlich*«.[31]

Stilistisch entstand im Äußeren ein Bau im französischen Barock.[32] Im Inneren wies er deutliche Verwandtschaft mit zwei etwas älteren lutherischen Kirchenneubauten auf. Es handelt sich zum einen um die von dem Frankfurter Stadtbaumeister Melchior Heßler geplante, zwischen dem 14. März 1678 (Grundsteinlegung) und dem 30. Februar 1681 (Weihe) erbaute, durch Kriegsschäden und Umbauten inzwischen veränderte Frankfurter St. Katharinenkirche.[33] Zum anderen geht es um die von dem Mannheimer Baumeister Johann Peter Graber geplante, zwischen dem 22. April 1701 (Grundsteinlegung) und 1703 im Rohbau erstellte, zunächst notdürftig für die Abhaltung von Gottesdiensten ausgestattete und erst in den Folgejahren bis zur Weihe 1717 im Inneren fertig gestellte, noch erhaltene Dreifaltigkeitskirche in Speyer.[34] Von außen unterscheiden sich die drei Kirchen jedoch ganz wesentlich. Die Frankfurter Katharinenkirche, errichtet an der Stelle zweier älterer Kapellen, ist in einem

---

31 StadtA Wo 111/63; zur Informationsreise nach Speyer siehe auch Weckerling, Grundsteinlegung, S. 57.
32 Vgl. Dehio, Rheinland-Pfalz Saarland, S. 1168.
33 Vgl. Dehio, Hessen, S. 230; Schomann, Heßlers Neubau; Proescholdt, Emporenmalerei St. Katharinen Frankfurt, S. 22–31 und 358–368; Gottwals, Katharinenkirche, mit weiterführender Literatur.
34 Vgl. Jöckle, Dreifaltigkeitskirche Speyer, S. 4–14; Dehio, Rheinland-Pfalz Saarland, S. 985f.

Rückgriff auf gotische Formen als Saalkirche mit einem auf der Nordseite stehenden viereckigen Turm errichtet worden, über dessen umlaufender Galerie ein achteckiger, zweistöckiger Aufbau in eine geschieferte Haube, darüber eine Laterne und eine abschließende kleinere Haube mit einem Kreuz übergeht. Die Dreifaltigkeitskirche in Speyer, ebenfalls eine Saalkirche, stellt sich äußerlich als Barockbau dar. Sie erhielt, wohl nicht zuletzt aus Sparsamkeitsgründen, keinen Turm, sondern im Süden hinter einem aufwendigen, von Voluten flankierten und von ionischen Pilastern getragenen Segmentgiebel einen achteckigen Dachreiter mit einem St. Katharinen entsprechenden oberen Abschluss. Die Wormser Dreifaltigkeitskirche bestand aus einem den Mittelturm ummantelnden, nach innen zum Schiff hin offenen Westbau mit sich nach Osten anschließendem Kirchenschiff in Saalform. Das Schiff überdeckte ein nach Westen abgewalmtes Dach. Ein kleines Satteldach stellte die Verbindung zwischen Dachraum und Turm her. Über der zweiten Galerie des Turmes erhob sich ein achteckiger, aber dreistöckiger Turmteil mit oberem Abschluss wie bei St. Katharinen. Alle drei Kirchenbauten waren Saalkirchen aus verputzten Bruchsteinen mit Architekturgliedern, in Frankfurt aus Mainsandstein, in Speyer und Worms aus Pfälzer Sandstein.

Der Wormser Kirchenbau[35] wird oft trotz guter Proportionen als streng und schmucklos empfunden. Hinzu kommt die Besonderheit, dass anstelle der zunächst vorgesehenen repräsentativen öffentlichen Bauten nach Norden eine als »Insel« bezeichnete Gruppe von fünf schmalbrüstigen Häusern und nach Süden ein dreigeschossiges Wohnhaus mit Ladengeschäft sowie ein einstöckiges Gebäude für die Stadtwache traten. Die Kirche besaß ihre Schauseite im Westen vom damaligen Straßenmarkt, während die beiden Längsseiten – außer dem Portal des Zuganges im Nordosten vom Schulhof des barocken Schulhauses für das lutherische Gymnasium, bis auf Fenstergewände und als toskanische Pilaster ausgeführte Lisenen (Wandvorlagen) – keine gestalterischen Elemente aufwiesen. Im Stadtbild machte sich das bemerkbar, als 1891 mit dem Abbruch der »Insel« der erweiterte Marktplatz und damit ein freier Blick auf die Nordwand der Kirche entstand. Schmucklos, aber infolge der umgebenden Bebauung nicht ins Auge fallend, waren auch das Parallelportal im Südosten sowie ein viertes Portal im Osten in der Mitte des Chores hinter dem Altar.

Im Inneren war die Dreifaltigkeitskirche, gemessen an ihrem schlichten Äußeren, ein reich ausgestatteter barocker Bau. Ihr in West-Ost-Richtung orientiertes Schiff mit den beiden im Westen, Norden und Osten umlaufenden, auf reich entwickelten, sich nach unten verjüngenden und mit geschnitzten Engelsköpfen am oberen Abschluss geschmückten Holzpfeilern ruhenden Emporen (Bortkirchen) war als im Osten fünfseitig geschlossener Saalbau angelegt. Er umschloss den Altarbereich im Osten und die Kanzel an der Südwand. Zu dem ebenerdigen Kirchenraum boten die beiden übereinander angeordneten Emporen im Westen, Norden und oberhalb des Altarraums zusätzliche Plätze. Auf der oberen Empore war, in einer vertikalen Sichtachse mit dem Altar, die Orgel angebracht.

5. Kirchenbaudeputierte, Handwerker und Künstler

Zur Koordination der Bauarbeiten setzte der Dreizehnerrat (Magistrat)[36] aus seinen Reihen Kirchenbau-Delegierte ein, die ein eigenes Siegel führten: ein auf der Spitze stehendes Dreieck, darin drei Flammen (2 + 1), über jeder Seite des gleichschenkligen Dreiecks ein Engelskopf mit Flügeln, unter der Spitze im Kreis ein heraldisch schräg rechts liegender Schlüssel. Die Umschrift zwischen zwei Linien lautete: »*Der evang(elischen) neuen Kirch in Worms Dep(utations) Sigel 1725*«.[37] Zunächst übernahmen die Dreizehner Elias Weise und Johann Peter Wirnhirn diese Aufgabe. Für die Jahre ab 1721 und damit die Zeit der Fertigstellung und Innenausstattung einschließlich der Ausmalungen und der Apostelgalerie am Turm fungierten laut Arbeitszettel der Handwerker und Künstler die Dreizehner Maximilian Peter Böhm und Philipp Christian Moritz als Kirchenbau-Deputierte, wobei nach nach dem Tod des Letzteren im Jahr 1727 Johann Friedrich Moritz an seine Stelle trat. Die finanzielle Abwicklung der von den Kirchenbau-Deputierten angeordneten Zahlungen nahm als Kassenadministrator der auch als Kirchenvorstand genannte Peter Wandesleben vor. Einen festangestellten Baumeister scheint es

---

35 Beschreibungen der Kirche mit Abbildungen: Wörner, Kunstdenkmäler Worms, S. 204–210; Walter, Dreifaltigkeitskirche 1725–1925; Denkschrift 1959; Reuter, Worms ehemals, S. 32f.; Reuter, Führer Dreifaltigkeitskirche 2003; Reuter und Spille, Dreifaltigkeitskirche 2019.

36 Namenslisten der Mitglieder von Dreizehnerrat und Gemeinem Rat alphabetisch bei Weckerling, Dreizehnerrat; Weckerling, Ratsmitglieder.

37 Original StadtA Wo, Abt. 111/1; Foto StadtA Wo Nr. M 21429.

Rechts: Das Marktportal auf der Nordseite, früher als Schulportal bezeichnet, weil es auf den Schulhof der Lateinschule führte (Foto: Norbert Rau)

ebenso wenig gegeben zu haben wie einen namhaft zu machenden Bauleiter, falls nicht der Bürger und Stadt- sowie Kirchenbau-Maurermeister Adam Bauer, der von 1709 bis 1723 weitgehend die Leitung der Arbeiten und die Materialbeschaffung zu besorgen hatte und dafür in einem am 11. Oktober 1723 geschlossenen Vergleich über die ihm bisher gezahlten, nicht als vollständige Summe genannten Abzahlungen hinaus noch 759 Gulden »nach und nach« bezahlt bekommen sollte, dafür in Anspruch genommen werden kann. Bauer, der auch an Besichtigungen wie der der Frankfurter St. Katharinenkirche teilnahm, hat nach 1723 noch an der Kirche gearbeitet, wofür neue, jedoch nicht erhaltene Akkorde abzuschließen waren.[38] In den Akten lassen sich Handwerksmeister nachweisen, die wohl alle aufgrund von schriftlichen Akkorden, die jedoch nur noch in wenigen Fällen erhalten sind, verschiedene Gewerke übernommen haben. Sie kamen zumeist aus Worms.[39] Seltener, so bei der Marmor-Kanzel und beim Marmor-Altar, wurden neben einheimischen auch auswärtige, in diesem Falle italienische Kunsthandwerker verpflichtet. Während die meisten Bauhandwerker aus Worms stammten und Lutheraner waren, wurde bei der Auswahl der Kunsthandwerker nicht auf die Konfession geachtet. Das gilt nicht nur für die katholischen italienischen Künstler Francesco Pedetti (Kanzel) und Peter Franciscus Georgioli (Altar), sondern ebenso für den wahrscheinlich ebenfalls katholischen Bildhauer Johann Friedrich Maucher sowie den Maler Johann Rosner.[40]

Vonseiten der Stadt wurde der Bau durch die Bereitstellung des Bauplatzes und die Überlassung von Steinmaterial von innerstädtischen Trümmerplätzen gefördert. Maurermeister Adam Bauer ließ von seinen meist vier Gesellen Steinmaterial verbrannter Gebäude ausbrechen und zum Kirchbau transportieren. Genannt werden Steine von verschiedenen Stadtmauerpartien, vom Zeughaus, von der Münze, von den Türmen Judenpforte und Kopsort, vom Speyertor, Leonhardstor, Krämerturm, Marktmeisterturm u.a.,[41] die dann von Steinhauern als »alte Steine zur Neuen Kirche« behauen wurden.[42] Daneben musste zusätzliches Steinmaterial für große Flächen oder für ornamentierte Teile zunächst aus der Umgebung von Heidelberg, ab 1722 dann aus Westpfälzer Brüchen angekauft werden. Hauptlieferant war der Steinhauermeister Jacob Friedrich Schneider aus Ebertsheim in der Pfalz, der dort einen eigenen Steinbruch besaß. Schneider stellte auf seinen Steinhauer-Zetteln nicht nur Steinmaterial und Fuhrlohn in Rechnung, sondern hat zumindest einen Teil der zu versetzenden Steine, etwa für das Hauptgesims, bereits bearbeitet geliefert.[43] Wie andere Handwerker klagte auch Schneider öfter über die schlechte Zahlungs-

Siegel der Kirchenbaudeputierten
(Aufnahme: Stadtarchiv Worms, M 21429)

moral seiner Auftraggeber. Als er für seinen Gesellen bei dem Wormser Juden Daniel Carlebach im Haus zum Springbrunnen im Februar 1724 für 8 Gulden 40 Kreuzer ein Kleidungsstück erworben hatte, das die Stadt bezahlen sollte, wurde er mangels Geld auf die nächste Kirchenkollekte verwiesen, so dass der Betrag erst im September 1724 ausgezahlt werden konnte.[44] Zumeist fanden Abschlagszahlungen statt, wobei bisweilen die von den Handwerkern angegebenen Endsummen von den beiden Kirchenbau-Deputierten gekürzt zur Zahlung durch Wandesleben angewiesen wurden. Zur Minderung der Kosten trugen Schenkungen von Bauholz und weiteren Materialien bei. Die offizielle Schlussabrechnung belief sich auf rund 46.000 Gulden. Das Geld kam durch einen hohen Eigenanteil der lutherischen Einwohnerschaft sowie durch Kollektenreisen (Sammlungen außerhalb der Stadt) und Spenden zusammen, wobei die finanziellen Ergebnisse der Kollektenreisen nicht überschätzt werden sollten, da sie Kosten verursachten, die gegengerechnet werden müssen.[45]

---

38   StadtA Wo, Abt. 111/63; ebenda 111/60: Besichtigung des Katharinenkirchturms.
39   Eine Aufstellung der am Kirchenbau beteiligten Handwerker und ihren Gewerken bei Weckerling, Grundsteinlegung, S. 58 f.
40   Zu den Akkorden mit den italienischen Künstlern Francesco Pedetti, Kanzel 1726, und Franz Georg Georgioli, Altar 1727, siehe Weckerling, Grundsteinlegung, S. 60 f.; Walter, Dreifaltigkeitskirche 1725–1925, S. 38; siehe Kapitel 13.
41   StadtA Wo, Abt. 111/7; Weckerling, Grundsteinlegung, S. 56 f.; zur Lage der Gebäude und Türme vgl. Reuter, Hamman Handzeichnungen, S. 25 (Plan Armknecht), S. 27.
42   StadtA Wo 111/7: Steinhauerzettel für Johann Christian Lang noch 1721/22.
43   StadtA Wo, Abt. 111/8: Belege für J. F. Schneider, dabei Steinhauer-Zettel vom 26. Oktober 1721 mit Querschnittzeichnung zu behauender Steine.
44   StadtA Wo, Abt. 111/8: Beleg mit hebräischer Anmerkung von Daniel Carlebach.
45   Vgl. Reuter, Kollektenreise. Eine Kontaktstelle für Spenden aus den skandinavischen Ländern und dem europäischen Osten befand sich in Hamburg.

6. Die Turmfront

Ein Kirchturm sollte nicht nur an Türme und Tore des himmlischen Jerusalems erinnern,[46] sondern besaß auch eine Reihe von weiteren Funktionen. Er markierte die Stelle des Gotteshauses und war ein Zeichen für den Versammlungsort einer christlichen Gemeinde. Zugleich diente er als Glockenturm. Von ihm ging der Ruf an die Gläubigen aus, Freude und Trauer wurden durch die Glocken mitgeteilt; festliche Ereignisse fanden unter dem Vollklang des Geläutes statt. Den Ablauf des Tages zeigten Kirchturmuhr und Stundenschlag an. Von den Galerien konnten Festmusiken der Stadtmusikanten erklingen. Eine Wächterstube diente dem Turm- und Feuerwächter, der bei Tag und Nacht über die Sicherheit der Stadt zu wachen und die Bürger durch Signale auf Gefahren, speziell Feuersgefahr, aufmerksam zu machen hatte. Bis zur Stadtzerstörung von 1689 hatte sich die innerstädtische Turmwächterstube auf dem südöstlichen Domturm befunden. Mit dem Neubau der lutherischen Kirche am Markt wurde sie durch den Magistrat dorthin übertragen.[47]

Der gesamte Kirchenbau bestand aus dem siebenachsigen, fünfseitig geschlossenen Schiff sowie dem im Westen vorgelegten Turmbau mit zwei flachgedeckten Seitenflügeln, in denen die dreiläufigen Treppen zu den Emporen untergebracht waren und zu deren Nordtreppe eine kleine Außentür führte. Die östlichste (erste) Fensterachse gehörte zu dem fünfseitigen Chorschluss, die westlichste (siebte) Fensterachse zu den Seitenflügeln. Letztere waren zunächst nach dem Inneren der Kirche hin offen und mit 1725 von dem Mainzer Stuckateur Marx Greibner ausgeführten Stuckgewölben versehen.[48] Sie wurden jedoch teilweise durch die Emporen, die auf der ersten Empore im Südwesten eingebaute Ratsloge sowie eine Rückwand im Bereich unter der ersten Empore vom Schiff abgetrennt. Die Turmfront lag am damaligen Marktplatz, einem nach Süden in den Neumarkt übergehenden erweiterten Straßenmarkt im Zuge von Kämmerer- und Speiergasse (jetzt Valckenbergstraße). Daher wurde sie, im Gegensatz zu der sonst sparsamen, nur durch schlanke, rundbogig geschlossene Fenster zwischen dorischen Pilastern erfolgten Gliederung der Längswände, aufwendiger gestaltet. Vom Hauptportal in der Mitte der Turmfront führte ein gedeckter Gang durch den Turm in das Kirchenschiff.

Villiancourt hatte vorgeschlagen, Schule, Kirchenfront und Rathaus etwa in gleicher Höhe zu errichten und durch jeweils ein Tor links und rechts der Kirche miteinander zu verbinden. Die Profangebäude sollten dreigeschossig sein und mit Walmdächern versehen werden. Die dreiteilige Turmfront auf seinem Entwurf besaß eine hohe Sockelzone mit gerahmten Spiegeln aus Sandstein. Sie wurde gegliedert durch Lisenen in der Form toskanischer Pilaster. Im leicht vorspringenden mittleren Teil, dem eigentlichen, durch stärkere Verkröpfung des Gesimses betonten Turm, saß das von zwei Säulen gerahmte, rundbogig geschlossene Portal, darüber ein mit Früchtegebinden verziertes Fenster. Die Fenster links und rechts nahmen die gesamte Höhe über der Sockelzone ein. Auch ihre Umrahmung sowie ihr oberer Abschluss waren reicher gegliedert als bei den Fenstern in den Längswänden. Darüber verlief ein breites Steinband mit kannelierten Eck- und Mittelbetonungen. Über einem umlaufenden Sims schloss eine Steinbalustrade, auf deren Postamenten Statuen stehen sollten, die untere Zone ab. Ab hier erhob sich ein vierseitiger, durch Lisenen und Fenster gegliederter Turmteil, der mit einer weiteren (zweiten) Baluster- und Postament-Galerie abschloss. Darüber sollte ein leicht eingezogener achtseitiger Turmteil folgen, ausgestattet mit dem Zifferblatt einer Uhr, über der ein Dreiecksgiebel saß. Ein mächtiger achtseitiger Helm, um den vier vermutlich mit Pinienzapfen bekrönte Säulen standen, ging in die Laterne mit einem weiteren Turmhelm und die abschließende Spitze über.

Sowohl über den Verbindungsbögen zu den beiden Profanbauten wie auf der ersten Galerie sah Villiancourt Statuen vor. Die Statuen über den Verbindungsbögen sollten auf der Nordseite Fortitudo (Stärke, zerbrochene Säule) und Justitia (Gerechtigkeit mit Waage und Schwert) zeigen, auf der Südseite wohl Caritas (Frau mit drei Kindern) und mit einem Kreuz die heilige Helena (?), Kaiserinmutter Konstantins des Großen, die legendär das Kreuz Christi wieder aufgefunden hatte.

Die Ausführung des Turmes erfolgte in Abwandlung des Entwurfes von Villiancourt. Anstelle des von ihm vorgeschlagenen, gedrungen wirkenden Turmes mit starker Durchfensterung wurde über dem Glockengeschoss die bereits beschriebene Lösung wie bei St. Katharinen in Frankfurt übernommen. Dadurch wirkte der massige Turm höher und schlanker. Das mit ionischen Pilastern

---

46 Vgl. Böcher, Bildwelt der Apokalypse, S. 91f.
47 Vgl. Reuter, Pfeifer, S. 40–43; Reuter, Stadtmusikanten, S. 272ff.

48 Vgl. Weckerling, Grundsteinlegung, S. 58; zu Greibner und seinen Stuckierungen an der Decke des Kirchenschiffes siehe Kapitel 8 und 9.

Dr. Fritz Reuter

Der Kirchturm von Norden, zwischen 1910 und 1925 (Aufnahme: Stadtarchiv Worms, 3249)

Der Kirchturm von Osten gesehen (Foto: Norbert Rau)

versehene Glockengeschoss, das erst 1739 drei Glocken aufnahm,[49] erhielt auf den drei freien Seiten je ein Fenster mit der Funktion als Schallarkaden. Unverändert blieb der untere Teil mit dem Eingangsportal. Dessen Oberlicht verzieren schmiedeeiserne Ranken, in denen zwei kleine Trompeter sitzen, und das von zwei Drachen gehaltene Stadtwappen (heraldisch schräg rechts liegender Schlüssel mit hier noch sechszackigem Stern) nebst der Jahreszahl 1725. Die Türflügel aus Holz sowie das Kunstschmiede-Oberlicht stifteten sechs in Darmstadt lebende und tätige Freunde der Wormser lutherischen Gemeinde, unter denen Weckerling den oder die herstellenden Kunsthandwerker vermutet hat.[50] Auf den Türflügeln greifen Schnitzarbeiten zweimal das Dreifaltigkeits-Thema auf: Links ist ein Auge in einem Dreieck und umgeben von einem Strahlenkranz als Symbol der göttlichen Dreifaltigkeit dargestellt.[51] Rechts findet sich die lebenspendende Sonne, die mit ihren Strahlen, die von einem Brennspiegel eingefangen und gebündelt werden, die Flamme des Glaubens entzündet.[52] Die Auswertung der Arbeitszettel legt nahe, in dem Schnitzer den Bildhauer Johann Daniel Hader zu sehen.[53]

Über der ersten Galerie erhebt sich das quadratische Glockengeschoss, ab der zweiten Galerie ein achtseitiger, dreistöckiger und auf allen Seiten dreifach durchfensterter Turmteil. In einem Überschlag, den der Zimmermann

---

49 Vgl. Wörner, Kunstdenkmäler Worms, S. 209; Weckerling, Grundsteinlegung, S. 63; Denkschrift 1959, S. 23 und S. 26 (Uhrhan). Zu den Glocken siehe Kapitel 19.

50 Vgl. Weckerling, Grundsteinlegung, S. 62: Gabriel Sebastian Roth, hochfürstlich darmstädtischer Oberjäger; Johann Martin Samhammer, Erbprinzlicher Verwalter; Johann Caspar Imler, Gasthalter zum großen Trauben in Darmstadt; Johann Valentin Keller, Gasthalter zum Schwarzen Adler in Darmstadt; Johann Michael Lessig, hochfürstlicher Hofschlosser zu Darmstadt; Johann Martin Strassburger, hochfürstlicher Hofschreiner zu Darmstadt.
Die Anzahl der Zacken des Sterns im Wormser Stadtwappen variiert – mal fünfzackig, im Oberlicht des Portals der Dreifaltigkeitskirche aber z.B. sechszackig – und wurde erst durch Ratsbeschluss von 1890 einheitlich auf fünf festgelegt.

51 Vgl. oben Kapitel 5, Anm. 37 das Siegel der Kirchenbau-Deputierten.

52 Das Relief wurde 1999 von der Goldschmiede Kienast, Worms, als Bildvorlage für eine Silberbrosche gewählt, aus deren Verkauf der Dreifaltigkeitsgemeinde Mittel für die Kirchenrestaurierung zufließen sollen. Im Begleitzettel steht, der Künstler habe symbolisch die Dreieinigkeit Gottes darstellen wollen: »*Gottes Liebe strahlt wie die Sonne auf die Erde. In Jesus Christus bündelt sie sich wie in einem Brennspiegel. Durch ihn wird das Feuer des Heiligen Geistes unter den Menschen entfacht*«.

53 Siehe Kapitel 14, Johann Daniel Hader.

Barockes Westportal (Foto: Norbert Rau)

Details aus dem Gitter mit Masken und posaunenspielender Figur (Foto: Norbert Rau)

Schmiedeeisernes Gitter im Oberlicht des Westportals (Foto: Norbert Rau)

Hans Georg Steidel am 5. Oktober 1725 vorlegte und den er mit 25 Gulden berechnete, wird dessen Ausbau festgelegt und beschlossen, die Wände aufzuschlagen sowie einen Schornstein zu bauen. Im ersten Stockwerk befanden sich zwei Kammern, darüber im zweiten Stockwerk Stube und Küche für den Turmwächter. In den im dritten Stockwerk vorgesehenen beiden Kammern wurde das Werk der Turmuhr untergebracht, deren Zifferblätter außen am Turm zu sehen waren.[54] Auf der diesen Turmteil abschließenden Dachhaube saßen ein eingezogenes achteckiges Zwischengeschoss sowie eine ebenfalls achteckige Laterne, beide mit einer Dachhaube versehen. Den Abschluss bildete ein mit einem Knauf versehenes Kreuz mit einem Hahn.[55]

---

54 StadtA Wo 111/60; zur von einem Wormser Uhrmacher gelieferten Turmuhr, die wegen technischer Fehler kurz nach 1740 durch ein Uhrwerk des Neustädter Uhrmachers Möllinger ersetzt wurde, vgl. Weckerling, Grundsteinlegung, S. 63. Jetzt befindet sich die Möllinger-Uhr im Städt. Museum Andreasstift, Magazin.

55 Das Kreuz schuf der Schlossermeister Johann Nikolaus Körner, vgl. Weckerling, Grundsteinlegung, S. 58.

Auge Gottes als Trinitätssymbol (Foto: Norbert Rau)

Brennspiegel als Symbol der Liebe Gottes (Foto: Norbert Rau)

Engelsköpfchen (Foto: Norbert Rau)

6a. Bauinschrift über der Tür der Turmgalerie

Bislang in keiner Publikation zur Dreifaltigkeitskirche berücksichtigt wurde eine interessante Bauinschrift aus Rotsandstein. Sie befindet sich außen am achtseitigen Turmteil, direkt über der Tür zur Baluster-Galerie, von der aus man auf das Dach des Kirchenschiffs blickt. Von unten ist die Inschrift kaum zu erkennen, nur der Türmer konnte sie sehen, wenn er steil nach oben blickte. Die barocke Inschrift ist von guter bildhauerischer Qualität und der Erhaltungszustand ist hervorragend. Weil sie sich an der Ostseite des Turmes befindet, war sie nicht zu direkt dem Regen ausgesetzt, und die Temperaturschwankungen im Tagesrhythmus waren auch nicht zu extrem. Bei der Zerstörung im Zweiten Weltkrieg nahm dieser Teil des Turmes keinen Schaden.

Der nahezu quadratische Inschriftenstein mit einer Seitenlänge von etwa 70 cm hat in der unteren Hälfte eine Rahmung aus Blattwerk, wobei jedoch alle vier Ecken als Knospen ausgebildet sind. In der oberen Hälfte befindet sich statt des Blattwerks ein Schriftband. Der Text im Spiegel ist kalligrafisch anspruchsvoll gestaltet.

Es handelt sich um eine Bauinschrift zum Turm, die jedoch einige Rätsel aufgibt, denn diese steinerne Urkunde ist inhaltlich nicht mit dem papiernen Schriftgut zum Turm der Dreifaltigkeitskirche konform.

Inschriftenstein von 1722 am Turm, Ostseite (Foto: Norbert Rau)

Zum Text:

Zur Zeit 1722 . Wahren   Umschrift im Schriftband links
von . v . v . Rath . zum . Kürchen   Umschrift rechts
Thurn DEPVTIRTE   Schriftspiegel
H[err] . Maximilian . Peter . Böhm . deß
Besti[ntigen] . Raths . v[nd] alter . Schultheiß . vnd
H[err] . Philipp . Christian . Moritz . Deß
Bestintigen . Raths –
Dann . von . Löbl[icher] . Buriger . Schafft
Joh[ann] . Georg . Reuß . Lieutenant –
Joh[ann] . Georg . Goltschmit . v[nd] . huf . schmit
Vincentz . Haritz . Mauerer . Meist[er] all
Joh[ann] . Henerich . Pardolt . Zim[m]er. Meist[er]
All Hir

Die Herren Böhm und Moritz sind von diversen Verträgen her bestens bekannt. Auch der Zimmermann Pardolt (oder Bertholdi) ist kein Unbekannter. Aber Maurermeister Haritz ist sonst bisher nicht in Erscheinung getreten. Außerdem war man wegen diverser Rechnungen bislang der Auffassung, der Turm, zumindest der achteckige Teil, wäre erst nach 1725 erbaut worden.[56]

7. Nicht ausgeführter Figurenschmuck an der Schauseite des Turms

Von der Frankfurter St. Katharinenkirche, deren Vorbildfunktion für Speyer und Worms bereits mehrfach betont worden ist, sind keine freistehenden Statuen überliefert. Die Südfront der Speyerer Dreifaltigkeitskirche besaß hingegen in der ursprünglichen Ausführung, anders als in der heutigen vereinfachten Form des 19. Jh., auf dem Giebel Statuen der vier Evangelisten Matthäus, Markus, Lukas und Johannes sowie des Mose, die jedoch 1794, während der kurzzeitigen französischen Stadtherrschaft, im Gefolge der Wirren der Französischen Revolution zerstört wurden.[57]

Für die Wormser Dreifaltigkeitskirche lässt sich die Planung für einen umlaufenden Figurenschmuck der ersten Turmgalerie nicht eindeutig belegen, da alle bildlichen Überlieferungen die Turmfront nur frontal

---

56 Vgl. dazu beispielsweise die Verträge Rosner und Seekatz im Anhang. Zum Bauablauf siehe Kapitel 6. Weckerling, Grundsteinlegung, S. 58, nennt den Zimmermann Joh. Heinr. Bertholdi für den Dachstuhl der Kirche, die Schreibweise der Vor- und Familiennamen konnte variieren. Dank an Tanja Wolf, Leiterin des Archivs der TU Braunschweig, für die Transkription der Inschrift.

57 Vgl. Jöckle, Dreifaltigkeitskirche Speyer, S. 8.

Kupferstich von Fehr zur Einweihung der Dreifaltigkeitskirche 1725. Im Bogenfeld über dem Portal ist tatsächlich der Schlüssel des Wormser Stadtwappens zu erkennen. (Aufnahme: Stadtarchiv Worms, M 10385a)

zeigen. Villiancourts Prospekt sieht vier Statuen sowie zwei Vasen vor. Bei den Statuen handelt es sich von Norden nach Süden um Bartholomäus (mit Schindmesser und abgezogener Haut); Petrus (mit Schlüssel und umgekehrtem Kreuz, da er sich nicht als würdig empfand, in der gleichen Weise wie Jesus gekreuzigt zu werden). Dann folgen nach dem Turm Paulus (mit Schwert) und Jakobus maior [der Ältere], der mit Wanderstab und einer Wasserflasche am Gürtel als Pilger erscheint, obgleich Hut und Pilgermuschel fehlen.[58] Auch der Schautaler von 1709 deutet vier Statuen an. Erst der 1725 anlässlich der Einweihung angefertigte und zugunsten des Kirchbaues verkaufte Kupferstich von P. Fehr weicht von den bisher genannten Darstellungen ab, da er weitgehend den tatsächlich erstellten Bau wiedergibt. Doch sind auch hier noch auf der Frontseite vier Statuen zu sehen, deren Postamente jetzt mit nimbenbekrönten Halbfiguren verziert sind. Da der Blick die Kirche von Südwesten erfasst, ist eine weitere Statue am Ende der südlichen Balusterreihe zu erkennen, der ein Pendant im Norden entsprochen haben dürfte. Es wäre vielleicht an die zwölf Apostel zu denken, sechs davon als Ganzfiguren und weitere sechs als Reliefs an den Postamenten dargestellt. Überraschend ist, dass auch auf der zweiten Galerie jetzt zwei Statuen auftauchen. Doch ist davon auszugehen, dass keine der Statuen je an dem angegebenen Platz gestanden hat.

Noch im Wormser Kunstdenkmäler-Band von Wörner findet sich die unzutreffende Annahme, die Turmgalerien hätten zunächst auf den Postamenten vollplastischen Figurenschmuck getragen, der später entfernt worden sei.[59] Am zutreffendsten gibt eine Zeichnung von 1796 die tatsächlich gebaute Turmfront samt Dekor wieder. Es handelt sich wohl um eine »offizielle« Ansicht, da neben dem Turm das von zwei Drachen gehaltene Stadtwappen wiedergegeben ist. Die Legende lautet *»Prospekt der Städtkirg in Worms 1796«*. Der Turm besitzt zwei Galerien. Die Postamente der unteren Galerie sind aufwendig mit floralen Ornamenten und Apostelfiguren geschmückt. Bei der oberen Galerie zeigen die jeweils vier Postamente der vierseitig um den Turm umlaufenden Balustrade nur florale Ornamente.[60]

---

58 Jacobus minor mit der Walkerstange dürfte auszuschließen sein.
59 Vgl. Wörner, Kunstdenkmäler Worms, S. 206.
60 StadtA Wo, Abt. 217 Nr. 1858, Fotoarchiv Nr. M 13990 und M 1136b.

Zeichnung der Turmfassade von 1796 (Aufnahme: Stadtarchiv Worms, M 13990)

Florale Darstellungen am Fenster über dem Westportal (Foto: Norbert Rau)

Lieferungen von Steinmaterial für das Hauptgesims der Kirche und speziell des Turmes lassen sich für 1721/22 belegen. Mit der Fertigstellung des Hauptgesimses 1722 konnten die Überdachung und der Innenausbau des Schiffes sowie der weitere Aufbau und der Ausbau des Turmes begonnen werden. Während der Steinhauermeister Schneider bereits 1722 aus Ebertsheim »gehauene Thurn Stein« nach Worms geliefert hatte, liegen seine Steinhauer-Zettel für »Steine zur Galerie« und »die gehauenen Steine zu den Galerien neben dem Kirchen thurn« erst für 1725 vor. Selbst wenn davon auszugehen ist, dass die Rechnungstellung nicht mit der Ausführung übereinstimmen muss, sind die Arbeiten an den Galerien doch wohl erst 1724 begonnen worden. Wiederum hat Schneider behauene Steine geliefert, worunter Sockel und Baluster zu verstehen sind, nicht aber die ornamentierten Teile.[61]

---

61 StadtA Wo, Abt. 111/8.

8. Die Deckenmalerei: Marx Greibner, Stuckateur, und Johann Michael Rosner, Maler

Mitte des Jahres 1722 waren Wormser Ratsmitglieder und Bauhandwerker nach Frankfurt zur Katharinenkirche und nach Speyer zur Dreifaltigkeitskirche gereist, um sich über die Ausführung der Deckengewölbe informieren zu lassen.[62] Die Herstellung der Wormser Gewölbedecke muss alsbald danach begonnen worden und 1723/24 fertig gewesen sein. Nur dann konnte die Stuckierung der Decke und deren Ausmalung bis Ende 1724 durchgeführt werden. Wann der Mainzer Stuckateur Marx Greibner[63] mit der Stuckierung der Decke beauftragt wurde, ließ sich nicht feststellen. Eine Stuckierung erst nach erfolgter Freskierung ist, nicht zuletzt aus technischen Gründen, auszuschließen.[64] In den Akten fehlt ein Akkord mit Greibner für die Deckenstuckierung. Da die Freskierung durch Johann Michael Rosner nachweislich zwischen März und November 1724 erfolgte,[65] muss es sich bei den für 1725 belegten Stuckierungen in den Turmnebengewölben[66] um eine weitere jüngere Arbeit Greibners in der Dreifaltigkeitskirche handeln. Greibner hat, offenbar nach seinen Arbeiten in der Dreifaltigkeitskirche, um 1727 Stuckarbeiten in der bereits 1722/23 südlich an den Chor der früheren Augustinerchorherrenkirche in Pfaffen-Schwabenheim unweit Bad Kreuznach angebauten Sakristei ausgeführt. Laut einem ihm am 20. Februar 1727 von den Kirchenbaudeputierten Moritz und Böhme ausgestellten »attestum« war man mit seinen nicht näher bezeichneten Arbeiten in der Dreifaltigkeitskirche sehr zufrieden. Erwähnt wird, dass sich Greibner, wohl im Hinblick auf eine längere Zeitdauer seiner Arbeiten, zeitweilig »mit Weib und Kind« in Worms niedergelassen hatte.[67]

Der Name des Künstlers der Deckenmalereien war bereits hundert Jahre nach Einweihung der Kirche aus dem Bewusstsein der Nachwelt verschwunden. Wörner und der Mainzer Prälat Dr. Friedrich Schneider hatten zwar Qualitätsunterschiede zwischen den Deckengemälden und den Emporenbildern festgestellt. Dennoch wiesen sie beide Arbeiten sowie auch die Deckengemälde in der Pauluskirche Johann Martin Seekatz zu, dem Maler der Bilder an den Emporenbrüstungen der Dreifaltigkeitskirche. Dem schloss sich August Weckerling an, was bis in die jüngste Zeit so übernommen wurde.[68] Die Deckengemälde hat jedoch in beiden Kirchen Johann Rosner geschaffen, was für die Dreifaltigkeitskirche durch den von mir aufgefundenen und erstmals hier publizierten Akkord (Vertrag), für St. Paulus durch die Recherchen von Christina Grimminger für das Corpus der barocken Deckenmalerei eindeutig belegt wird. Dem entspricht auch ein Vergleich mit dem vorhandenen Fotomaterial.[69] Weckerling, der die Akten durchgesehen hat, muss den in dem Aktenbestand »Dreifaltigkeitskirche«, Stadtarchiv Worms Abt. 111, liegenden Vertrag übersehen haben.[70] Tatsächlich war zum 17. März 1724 ein »Accord Herrn Roßner den Kunst-Mahler alhier betreffend 1724« abgeschlossen worden.[71] Bei der Rosner übertragenen Arbeit handelt es sich um die Ausmalung (»Frescierung«) der Decke, womit die unzutreffende Zuschreibung auf Seekatz sich erledigt hat.

Johann Michael Rosner (andere Schreibweisen: Roßner, Rosener, Rossner) stammte möglicherweise aus Worms. Doch ließen sich bisher weder das Datum seiner Geburt noch ein Hinweis auf den Geburtsort oder ein Hei-

---

62 Siehe dazu Kapitel 4 mit Anm. 28 bis 31.
63 Vgl. Dehio Rheinland-Pfalz Saarland, S. 818, Pfaffen-Schwabenheim; Saur, Künstlerlexikon, Bd. 61, 2009, S. 390: Greibner geb. vor 1700, gest. um 1753, Angaben zu Arbeiten vor allem um Mainz.
64 Auf meine Anfrage vom 02.03.2010 beim Landesdenkmalamt Rheinland-Pfalz in Mainz, Herrn Dr. Joachim Glatz, ob eine Freskierung mit nachfolgender Stuckierung denkbar und andernorts nachweisbar sei, teilte mir Frau Jutta Schloesser nach Rücksprache mit dem Restaurator des Amtes, Herrn Reinhold Elenz, mit Datum vom 04.03.2010 mit, dass dies ganz unbekannt sei: »Letztlich ergibt sich die Reihenfolge aus der Technologie und der Abhängigkeit beider Gewerke voneinander«.
65 Siehe Anm. 74 und Akkord Rosner im Anhang.
66 Siehe Anm. 48.
67 Weckerling, Grundsteinlegung, S. 58, gibt an, dass Greibner seinen »ersten Akkord« in Worms 1725 für die Stuckierung der beiden Turmnebengewölbe erhalten habe (vgl. Anm. 48), was jedoch nicht zutreffen kann. Das Zeugnis (attestum) der Wormser Kirchenbaudeputierten von 1727 ist abgedruckt bei Weckerling, S. 58 (mit dem Druckfehler »1537«). Zu Greibners Stuckarbeiten in Pfaffen-Schwabenheim vgl. Dehio, Rheinland-Pfalz Saarland, S. 818.
68 Wörner, Kunstdenkmäler Worms, S. 208, beruft sich auf das Urteil des Mainzer Prälaten und Kunsthistorikers Dr. Friedrich Schneider, der auf eine 1857 erschienene Schrift »Kunstgeschichtliche Darstellung des Domes zu Worms« von Johannes Hohenreuther, S. 37, verweist, vgl. Schneider, Paulus-Museum, S. 16 f. mit Anm. 17; Walter, Dreifaltigkeitskirche, S. 38; Thieme-Becker, Bildende Künstler, Bd. 29, 1925, S. 30, erwähnt Rosner als einen »Maler aus Worms« für Eichstätt, aber ohne Hinweis auf die Dreifaltigkeitskirche in Worms.
69 Briefwechsel mit Frau Christina Grimminger 2005 ff., dabei ihr Textentwurf für das Corpus der barocken Deckenmalerei mit den Belegstellen. Im Folgenden greife ich auf ihre Ergebnisse zurück. Zugleich danke ich Frau Grimminger für die Überlassung des noch seinerzeit ungedruckten, weiterführenden Textes. Die Veröffentlichung erfolgte in Bd. 13 des »Corpus ...« (München 2008).
70 Weckerling, Grundsteinlegung, S. 60, schloss sich daher der herrschenden Auffassung an, dass es sich auch bei den Deckenmalereien um Arbeiten von Johann Martin Seekatz handele.
71 StadtA Wo, Abt. 111/56, 5 und 6, gleichlautende Ausfertigungen mit geringen Differenzen, die aber die Sachaussagen nicht beeinträchtigen. Textabschrift siehe im Anhang.

Der Innenraum, Blick nach Osten zum Altar und zur Orgel (Aufnahme: Stadtarchiv Worms, 3358)

Dr. Fritz Reuter

Decke von St. Paulus in Worms (vor 1945), ausgemalt von Rosner (Aufnahme: Stadtarchiv Worms, M 27002)

Decke der Jesuitenkirche – Schutzengelkirche in Eichstätt, mit Malereien von Rosner (Foto: Anton Brandl)

ratseintrag[72] für ihn finden. Ein erster Hinweis auf ihn bezieht sich auf die Deckenmalerei in der Wormser Stiftskirche St. Paul. Anlässlich einer 1715 durchgeführten Visitation durch den Wormser Weihbischof Johann Baptist Gegg (geb. 1644 in Eichstätt, gest. 1730 in Worms) hielt dieser fest, dass »zur Zeit« die Decke der Pauluskirche »kunstvoll mit Gemälden geschmückt [werde], die die Taten des Hl. Paulus darstellen«. Den Namen des Malers nennt Gegg nicht. Doch hat Hermann Schmitt, dem bereits für 1963 wenig beachtete Informationen über Rosner zu verdanken sind und dem das Verdienst einer Wiederentdeckung dieses Wormser Malers zukommt, darauf hingewiesen, dass Gegg seinen in Eichstätt lebenden Bruder Johann Michael Gegg auf Rosner aufmerksam gemacht haben dürfte.[73] Nach einem Bericht in der »Historia collegii Societatis Jesu Eystadii« traf der aus Worms kommende »D. Johannes Rosner, Pictor« am 24. Juli 1717 in Eichstätt ein. Dort schuf er in der Jesuitenkirche die Deckengemälde. Weiterhin soll er im Chor bildlich die Heilige Dreifaltigkeit und Szenen aus dem Alten Testament, im Langhaus das Wirken der Engel in der Heilsgeschichte und in den Quertonnen Schutzengel-Themen ausgeführt haben. Am 21. November 1717 hatte er seine Arbeit beendet, woraufhin er vielleicht wieder nach Worms zurückgekehrt ist. Für 1723 ist belegt, dass der »Wormser Maler Martin Rossner«, Altar- und Fassmaler die Gemälde für den Hochaltar und die beiden Nebenaltäre in der Pfarrkirche von Gernsheim am Rhein geschaffen hat. Dabei handelte es sich um jeweils ein Gemälde der Kirchenpatronin Maria Magdalena und von Gott-Vater. 1723 been-

72 Der Hinweis, dass Rosner verheiratet war, findet sich im Akkord vom 17. März 1724, wie Anm. 76, Außentitel von 111/56 (5).
73 Vgl. Schmitt, Weihbischof Gegg, S. 108–110 und S. 140–141. Hermann Schmitt hat in seinem Aufsatz bereits 1963 eine Reihe von Nachweisen für Rosner vorgelegt. Die Arbeiten in der Dreifaltigkeitskirche kannte er jedoch noch nicht. Siehe zusammenfassend jetzt Grimminger, Corpus der Barocken Deckenmalerei.

dete Rosner seine Arbeit mit der Fassung der drei Altäre.⁷⁴ Jedenfalls handelte es sich bei dem Maler um einen sowohl in Worms als auch in den Bistümern Eichstätt und Mainz bereits bekannten Künstler, der bis dahin offenbar nur in katholischen Gotteshäusern tätig war.

In dem Akkord vom 17. März 1724 verspricht Rosner »*das gewölbe und die Bögen über denen Kirchenfenstern in Fresco kunstmässig mit feinen hierzu erforderlichen farben zu mahlen, die Grote oder Rieppen*⁷⁵ *wie Marmor anzustreichen, außer dem Rundstab daran, welcher mit gemeinen Gold zu vergulden und mit beständigen Goldfürnis zu überfahren, die Blumen und Laubwerck an denen Schlußsteinen wie auch den Grantz mit feinen Gold zu vergulden, und daselbe zu planieren, auch das gold und benöthigte feine farben auf seinen eigenen Kosten zu stellen und hierbey zu fassen.*« Dafür soll er 300 Gulden sowie während der Arbeit 1 Ohm Wein und 5 Malter Frucht erhalten. Die Bezahlung soll nach und nach, entsprechend dem Fortschritt der Arbeit, erfolgen. Doch werden ihm zu Beginn, da er Farben kaufen muss, 75 Gulden als Vorschuss zugesagt. Nach vollendetem Werk wird seiner Frau eine »*proportionierte discretion*« versprochen, sie soll demnach mit der Aussicht auf ein Geschenk bei Laune gehalten werden. Unterschrieben ist der in doppelter Ausfertigung vorliegende Akkord von den Kirchendeputierten Böhme und Moritz. Der einen Ausfertigung ist eine Abzahlungsberechnung beigefügt.⁷⁶ Danach erfolgte die Auszahlung der ersten 75 Gulden am 21. Juli 1724. Eine Addition der geleisteten Zahlungen vom 25. Oktober ergab 305 Gulden, zu denen abschließend am 18. November nochmals 6 Gulden hinzukamen, was einen Gesamtbetrag von 311 Gulden ergibt. Dieser Rechnung ist weiter zu entnehmen, dass die Arbeit spätestens zwischen dem 25. Oktober und dem 18. November 1724 fertiggestellt war. Rosner muss demnach sehr zügig gearbeitet haben. Über seine bildlichen Vorlagen oder ein ihm eventuell von den Wormser Pfarrern⁷⁷ und den Kirchendeputierten vorgegebenes Programm ist den Akten nichts zu entnehmen.

Bei den Deckenmalereien in der Wormser Dreifaltigkeitskirche handelte es sich um eines der letzten Werke, wenn nicht sogar die letzte Arbeit Rosners. Er ist laut Eintrag im Kirchenbuch von St. Paulus in Worms am 14. Juni 1726 gestorben und zwei Tage später auf dem Friedhof der zum Paulusstift gehörigen Pfarrkirche St. Rupertus beerdigt worden. Im Sterbeeintrag wird er als ein hervorragender Maler (*insignis pictor*) bezeichnet.⁷⁸

9. Beschreibung der Stuckarbeiten und Deckenmalereien

Die Wormser Kirchenbaudeputierten haben sich mehrfach Anregungen in Frankfurt und in Speyer geholt. Die Umsetzung der gewonnenen Erfahrungen erfolgte jedoch entsprechend dem örtlichen Bedarf und den hiesigen Vorstellungen von einer Wormser Dreifaltigkeitskirche. Das lässt sich auch bei der Ausführung der Deckenmalereien beobachten. Die Deckenmalerei (auf die Holzdecke, ohne Stuckierung?) der Frankfurter Katharinenkirche wurde bereits im späten 18. Jahrhundert beseitigt. Die Deckenmalerei der Speyerer Dreifaltigkeitskirche erfolgte direkt auf die Holzdecke, ohne Stuckierung. Sie blieb über die Zeiten hinweg erhalten, wurde jedoch restauriert.⁷⁹

In Worms erhielt die Dreifaltigkeitskirche eine stuckierte Decke mit Deckengemälden. Inwieweit der Stuckierung in der vor der Dreifaltigkeitskirche fertiggestellten katholischen Stiftskirche St. Paul, die auch von Johann Michael Rosner ausgemalt worden war, ein Beispielcharakter – nicht formal, sondern im Sinne einer Anregung – zukommt, ist nicht belegbar, aber auch nicht ganz von der Hand zu weisen.

Die durch die Holzrippen des fünfjochigen Gewölbes unterteilte Decke der Wormser Dreifaltigkeitskirche schmückte an der Stelle der sich kreuzenden Holzrippen jeweils ein Blattkranz. Der mittlere der fünf Blattkränze war aufwendiger und größer ausgeführt. Er zeigte im Innenfeld ein dem Kirchensiegel ähnlndes gleichseitiges Dreieck, geschmückt außen mit drei Engelsköpfen, im Inneren übereinander die Worte »*Heilig, Heilig, Heilig*«.

---

74 Schmitt, Weihbischof Gegg, S. 141; Dehio, Oberbayern, S. 226, zur Jesuitenkirche, aber ohne Hinweis auf Rosner; für Gernsheim neben Schmitt siehe Duchhardt-Bösken, Pfarrkirche in Heldenberge, S. 132, wo (Johann) Michael Rosner irrtümlich mit falschem Vornamen Martin genannt wird.

75 Grate oder Rippen; das folgende Wort »Grantz« (Kranz) verweist auf den mittleren großen Blattkranz des Christuszyklus, vgl. Kapitel 9, Beschreibung der Stuckarbeiten und Deckenmalereien.

76 Wie Anm. 71 und Anhang Vertrag Rosner Seite III, StadtAWo 111/56 (6).

77 Nach den Angaben bei Diehl, Pfarrer- und Schulmeisterbuch, S. 431, amtierten in Worms zur Entstehungszeit der Deckenausmalung und der Gemälde an den Emporen: Johann Nikolaus Speck (1669-1724), Pfarrer 1693-1724, ab 1720 Senior; Johann Michael Lautz (1674-1738), Pfarrer 1698-1738, ab 1724 Senior; Philipp Peter Götz (1683-1733), Pfarrer 1720-1733.

78 Vgl. Schmitt, Weihbischof Gegg, S. 141, Anm. 86, vermutet ohne Begründung, dass Rosner »*offenbar nach langer Krankheit*« verstorben sei. Im Kirchenbuch steht: »*honestus vir et dominus Johannes Michael Rosener ... qui fuit insignis pictor.*« St. Rupertus war die zum Paulusstift gehörige Pfarrkirche; der Friedhof lag nördlich zwischen St. Paulus und St. Rupertus, heute Südseite der Paulusstraße.

79 Proescholdt, Emporenmalerei St. Katharinen Frankfurt, S. 35-38 und S. 321-332; Jöckle, Dreifaltigkeitskirche Speyer, S. 14-18.

Im Kreis ringsum stand »*ESAIAE VI, V. 3. Ist der Herr Zebaoth, alle Lande sind seiner Ehren voll*«. Das Holzgewölbe der Decke einschließlich der Gewölbekappen wurde zunächst durch Marx Creibner mit Stuckrahmen zur Aufnahme der Bilder sowie reichen Stuckornamenten in den nicht zur Ausmalung vorgesehenen Teilen ausgestattet. Die Ausmalung durch Johann Rosner schloss sich unmittelbar an. Über Maltechnik (Freskierung) und einen weißen Malgrund ist nur überliefert, was sich dem Akkord mit Rosner oder den vorliegenden Fotos entnehmen bzw. daraus erschließen lässt. Der Malgrund erscheint vielfach gesprungen, so dass einzelne rechteckige Flächen entstanden sind. Vom Bildprogramm her befand sich in der Mitte der Decke ein Christuszyklus, während die Gewölbekappen Szenen aus dem Alten Testament zeigten.[80]

Der Christuszyklus beginnt im Osten über dem Altar und verläuft nach Westen. Er besteht aus elf Bildern, die quer zur Länge der Decke stehen. Die Bilder 1–8 sind von Osten her zu sehen, die drei letzten Bilder von Westen her. Am nördlichen Rand eines jeden Bildes ist der Text des Evangeliums vermerkt, am Südrand das jeweilige Kapitel mit Versangabe. Die Formulierung »*LUC. AM 1. CAP. / Am 26. VER.*« ist im Folgenden als »Lukas 1,26« wiedergegeben.

Die Zählung der Bilder beginnt im Osten:
1. Lukas 1,26: Verkündigung Mariens
2. Lukas 2,2: Geburt Jesu Christi
3. Lukas 2,21: Jesu Beschneidung im Tempel
4. Matthäus 3,16: Johannes der Täufer tauft Jesus im Jordan, auf einem Schriftband ist zu lesen »*sihe daß ist mein geliebter Sohn*«
5. Matthäus 26,26: Einsetzung des Abendmahls durch Jesus
6. Matthäus 26,33: Jesus und seine Jünger im Garten Gethsemane
7. Matthäus 27,31: Jesu Kreuzigung
8. Markus 16,6: Jesu Auferstehung und das leere Grab Umkehrung der Betrachtungsrichtung der Deckengemälde:
9. Apostelgeschichte 1,9: Christi Himmelfahrt
10. Apostelgeschichte 2,11: Das Pfingstwunder
11. Matthäus 25,31: Jesus Christus auf dem himmlischen Thron

---

80 Wie bei den Seekatz-Bildern dienten das Foto-Album StadtA. 111/57 und die Fotos in der Sammlung des Fotoarchivs als Grundlage für die folgende Beschreibung.

Von den 14 Szenen aus dem Alten Testament waren vier im Chorbereich angebracht, wobei das Mittelsegment hinter der Orgel frei blieb. Die Bilder im Schiff waren nördlich und südlich vom Christuszyklus derart angeordnet, so dass sich jeweils zwei Bilder in den Kappen des Gewölbejoches gegenüberstanden, dann in der Mitte zwei Bilder des Christuszyklus folgten, dann im nächsten Joch wieder die beiden alttestamentarischen Darstellungen, und so weiter. Auch hier war die zugrunde liegende Bibelstelle angegeben. Im Folgenden werden zunächst die vier Bilder aus dem Chor mit Angabe der Bibelstelle und des Bildthemas angeführt. Dann folgen die Bilder in den Gewölbekappen des Schiffs, wobei die ungeraden Zahlen ab (5) zugleich Norden, die geraden Zahlen Süden bedeuten. Um den Zusammenhang zu verdeutlichen, wird ergänzend auf die Bilder des Christuszyklus verwiesen.

Bilder im Chor, von Norden nach Süden
(Mittelsegment ohne Bild)
(1) 1. Mose 12 et 18,1–2: Verheißung an Abraham, Abraham und die drei Männer im Hain Mamre
(2) 1. Mose 2: Erschaffung von Adam und Eva
(3) 1. Mose 3: Sündenfall
(4) 1. Mose 7: Arche Noah und Sintflut

Bilder im Schiff
Christuszyklus 1: Verkündigung
(5) 1. Mose 28: Jakob und die Himmelsleiter
(6) 1. Mose 17,2: Der Bund Gottes mit Abraham und die Beschneidung
Christuszyklus 2 und 3: Geburt und Beschneidung
(7) 2. Mose 2 et 3: Mose Geburt, Errettung und Berufung
(8) 2. Mose 25: Zug durch das Schilfmeer
Christuszyklus 4 und 5: Taufe und Abendmahl
(9) 1. Mose 22 et 45: Opferung Isaaks und Heimkehr Josephs
(10) 2. Mose 16 et 17,5–6: Mose schlägt Wasser aus dem Felsen
Christuszyklus 6 und 7: Gethsemane und Kreuzigung
(11) Richter 16,3: Simson trägt die Türen des Stadttores weg
(12) 4. Mose 21,8: Aufrichtung der ehernen Schlange
Christuszyklus 8 und 9: Auferstehung und Himmelfahrt
(13) 1. Mose 32,25–33: Jakobs Kampf »*Ich lasse dich nicht, du segnest mich denn*«
(14) Jonae 2 et 3: Jona wird vom Fisch verschluckt und wieder ausgespien
Christuszyklus 10 und 11: Pfingstwunder und thronender Christus

Dr. Fritz Reuter

Lage der Deckenszenen

OSTEN

(2) (3)
(1) (4)
1.
(5) (6)
2.
3.
(7) (8)
4.
5.
(9) (10)
6.
7.
(11) (12)
8.
9.
(13) (14)
10.
11.

Turm

NORDEN — SÜDEN

WESTEN

Blau — Mitte des Deckengewölbes von Osten nach Westen = Christuszyklus
Rot — Rand des Deckengewölbes, Stichkappen der Fenster = Altes Testament

(Aufnahmen: Zentralinstitut fur Kunstgeschichte, Phototek / Foto: Wolff, Paul; Aufn.-Datum: 1944)

CHRISTUSZYKLUS

1. Verkündigung

2. Geburt

ALTES TESTAMENT

(1) Männer im Hain von Mamre

(4) Arche Noah und Sintflut

5. Abendmahl

8. Auferstehung

6. Kreuzigung

11. Thronender Christus

(8) Schilfmeer

(10) Mose schlägt Wasser aus dem Felsen

(9) Opferung Isaaka und Heimkehr Joseohs

(14) Jona und Fisch

Die barocke Dreifaltigkeitskirche in Worms (1709–1725/1732)

10. Einweihung der Dreifaltigkeitskirche 1725

Auch wenn der Kirchenbau weder außen noch innen fertiggestellt war, erfolgte dennoch am 31. Juli 1725 die feierliche Einweihung.[81] Sowohl die Ratsgremien der Stadt, darunter vor allem das für kirchliche Angelegenheiten der Lutheraner zuständige Konsistorium, sowie das Ministerium, worunter die Pfarrer mit dem Senior Ministerii an der Spitze, dem an Dienstjahren ältesten Pfarrer, zu verstehen sind, berieten sich ausführlich und bereiteten den großen Tag vor. Man war in der Durchführung von Dankfesten und Jubiläen nicht unerfahren,[82] betrachtete die Weihe des neuen Gotteshauses jedoch als ein sowohl für die lutherische Gemeinde als auch für die Stadt herausragendes Ereignis. In ihm spiegelten sich die mentale Überwindung der Stadtzerstörung von 1689, der mutige und erfolgreiche Wiederaufbau und die Güte Gottes, der dies alles mit seinem Segen bedacht hatte. In der zur Einweihung herausgegebenen Schrift mit dem Titel »Wormbsisches Denckmahl / Wegen des Freuden-Festes / so die Evangelisch-Lutherische Gemeinde daselbst im Jahr 1725, den 31. Julii Auff Verordnung Eines-Hoch Edlen und Hoch-Weisen Magistrats bey Einweihung ihrer neuen Kirchen zur Heiligen Dreyfaltigkeit genannt, Feyerlichst begangen« und gedruckt bei Johann Ludwig Spelter in Worms, berichtet einleitend der Senior Ministerii Pfarrer Lautz ausführlich über Gründe für den Kirchenbau und die Vorbereitungen der Einweihung.[83]

Am Einweihungstag[84] wurden um 5 Uhr früh »durch Abfeuerung des wenigen der Statt übrig gebliebenen Geschützes« sowie durch Trompeten- und Paukenschall vom Kirchturm die Feierlichkeiten eingeleitet. Vor der Kirche stellten sich die (Bürgerwehr-)Mannschaften in zwei Linien auf. Um 6 Uhr erklang die große, als einzige aus dem Stadtbrand 1689 gerettete Glocke »der Bär«, der zuvor im Martinstor hing, als Zeichen zur allgemeinen Versammlung. Beim zweiten Läuten sammelten sich im Bürgerhof (Rathaus an der Hagenstraße) der Magistrat mit seinen Beamten und dem Evangelischen Ministerium, vor dem Bürgerhof die »Ehrsame Bürgerschaft« in ihren Mänteln, dazu die Schuljugend, die sich zuvor in ihren Schulen zusammengefunden hatte. »Präzise« um 7 Uhr bewegte sich der Zug »durch die im Gewehr stehende Bürger-Compagnie«

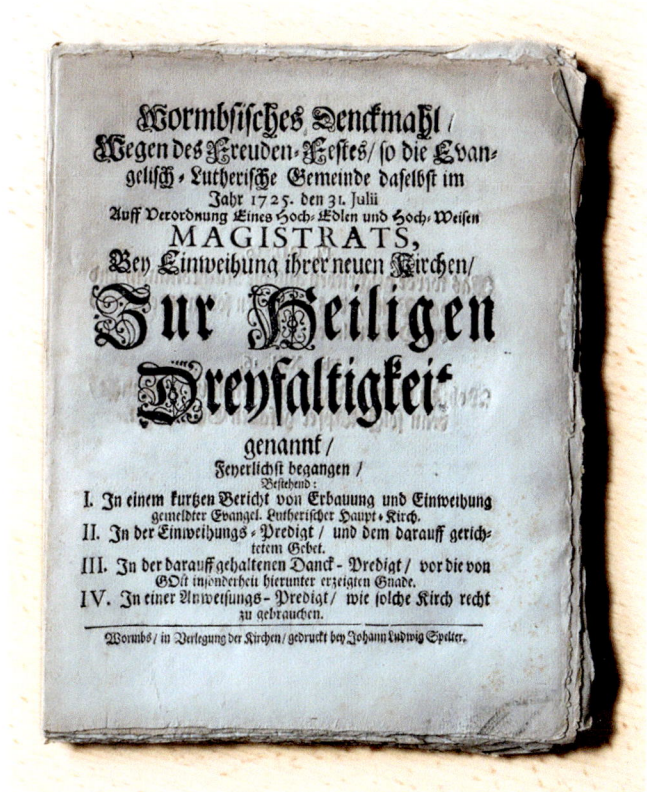

Titelseite von »Wormbsisches Denckmahl«, Festschrift zur Einweihung 1725 (Foto: Norbert Rau)

zur Kirche. Voran gingen die Deutschen und die Lateinischen Schüler, angeführt von ihren Lehrern. Es folgten die evangelisch-lutherischen Stadtprediger. Dann schlossen sich, geordnet nach ihren Zünften, der evangelische Rat mit den Stadtbediensteten und die evangelische Bürgerschaft an. »Und also nahme die Evangelisch-Lutherische Gemeinde vor sich und ihre Nachkömmlinge und Kinder von dieser neuen Kirch die Possession.« Sobald man in die Kirche hineingegangen war, stimmte der Chor das »Komm heiliger Geist, Herre Gott« an. Dann ließ die Hoch-Fürstliche Capelle von Darmstadt eine »stattliche Music« erklingen. Nach Verlesung von »Collecten« für die drei Hauptstände der Christenheit sang die Gemeinde das »Herr Gott, dich loben wir«. Während dieser Zeit wurde das Geschütz ein weiteres Mal »gelöst«, d. h. abgefeuert. Danach erfolgte die eigentliche Einweihung der Kirche durch den Senior Ministerii Pfarrer Lautz, der als einziger der am-

---

81 StadtA Worms, Abt. 111/ Einweihung; Sauer, Einweihung, S. 395 (143)–404 (152). Einen Originaldruck der Einweihungsschrift von 1725 »Wormbsisches Denckmahl« stellte mir freundlicherweise der Gemeindepfarrer an der Dreifaltigkeitskirche, Volker Johannes Fey, zur Verfügung.

82 Siehe die Beispiele bei Reuter, Jubiläen und Dankfeste; dort auch die Erklärung zu Rat, Konsistorium und Ministerium, S. 255 (135).

83 Daten Pfarrer Lautz siehe Anm. 23; Wormbsisches Denckmahl, Bericht Pfarrer Johann Michael Lautz, A2-3f.

84 Die Predigten komplett in Wormbsisches Denckmal; Zusammenfassung und näheres Eingehen auf die Predigttexte bei Sauer, Einweihung, S. 398 (146)–404 (152).

tierenden Pfarrer bereits 1709 bei der Grundsteinlegung dabei gewesen war. Er hielt eine sehr lange Predigt, der er Worte des 90. Psalm zugrunde legte: »*Zeige deinen Knechten deine Werck(e) / und deine Ehre ihren Kindern (Vers 16) // Und der Herr unser Gott sey uns freundlich / und fördere das Werck unserer Hände bei uns / ja das Werck unserer Hände wolt Er fördern (Vers 17)*«. Mit einem Gebet, einer weiteren Musik der Capelle und dem Segen sowie dem gemeinsamen Absingen des 100. (Dank-)Psalms »*Jauchzet dem Herrn, alle Welt*« schloss der erste Gottesdienst ab.

Um 10 Uhr folgte auf den Einweihungsgottesdienst ein Dankgottesdienst mit einer Predigt von Pfarrer Philipp Peter Götz,[85] wiederum unter Mitwirkung von Chor und Darmstädter Hofkapelle. Er hatte seinen Predigttext aus dem 30. Kapitel der Weissagung des Propheten Jeremia, Vers 18 und 19, gewählt:

»*So spricht der Herr: Siehe / ich will die Gefängnüß der Hütten Jacob wenden / und mich über seine Wohnung erbarmen / und die Stadt soll wieder auff ihre Hügel gebauet werden / und der Tempel soll stehen nach seiner Weise; Und soll von dannen herauß gehen Lob und Freuden-Gesang. Dann will ich sie mehren / und nicht mindern / ich will sie herrlich machen / und nicht kleinern.*«

Um 14 Uhr eröffnete die Hofkapelle den dritten Gottesdienst. Pfarrer Johannes Meyer[86] hielt eine »Vermahnungspredigt«, wie man sich dieser Kirche recht bedienen sollte. Der Eingang seiner Predigt lautete: »*Dieser Stein / den ich aufgerichtet habe zu einem Mahl / soll ein Gottes-Hauß werden. Dieses war / allerseits Andächtige / und in Jesu dem Geliebten hertzlich Geliebte! der geheiligte Vorsatz / welchen der glaubige Jacob fassete zur Ehre und Dienst des Anbetens-Würdigen Gottes ein Hauß aufzubauen / als zu lesen ist im 1. B(uch). Mos(e) am 28. C(apitel) v(ers) 22.*« Nach einem Gebet sang die Gemeinde »*Nun danket alle Gott*«, und so endete der Gottesdienst mit diesem Schlusslied.

Jedes Kind bekam in seiner jeweiligen Schule eine »Vegitze«, ein Weißbrotgebäck, und dazu Rotwein zu trinken.[87] In gleicher Weise bedachte die Obrigkeit die Armen »ohne Unterschied«. Trompeter und Pauker ließen sich nochmals vom Turm hören, und das Geschütz donnerte zum dritten Mal. »*Und solcher gestalt wurde die gantze Solennität zur Ehre Gottes im Frieden und zu jedermans Wohlgefallen geendigt. Zur kaum überschaubaren Zahl der Beteiligten und Gäste zählten neben »Cavalliers und Dames, viel Geistliche und andere Personen von distinction, so wohl der Lutherischen als anderen beeden Religionen*[88] *zugethan weit und breit auf diesen Freuden-Tag allhier zusammen gekommen und sich mit uns Fröligen erfreuet haben.*«

Im Gegensatz zur Grundsteinlegung,[89] bei der die Wormser Stadtmusikanten für die musikalische Umrahmung gesorgt hatten, musizierte bei der Einweihung in der Kirche die Landgräflich Hessen-Darmstädtische Hofkapelle unter Leitung des Hofkapellmeisters Johann Christoph Graupner, der zum festlichen Anlass vier seiner Kantaten aufführte.[90] Auf Worms geht der Text in einer Aria der zweiten Kantate ein.

(1) »Geliebtes Worms, erwählte Stadt, / die Gott sich selbst ersehen hat, / steh auf von deinen Aschenhügeln / und schwinge dich mit Freudenflügeln / in deines Gottes Tempel ein. / Schau wie er dich hat aufgerichtet, / da deine Feinde dich vernichtet / und wie er noch dein Gott will sein. / Bewund're diese Liebestat / geliebtes Worms, erwählte Stadt.

(2) Der Gott dem du dich hast vertraut / Hat deine Mauren aufgebaut / Guth, Häuser, Nahrung wieder geben / Und das, was zum vergnügten Leben / Das Hertz sich nur erwünschen möcht' / Du wohnst in Edens fetten Gründen / Wo sich so viele Schätze finden / als die Natur im Schoose trägt / So hat dein Gott dich angeschaut / Da du dich seiner Macht vertraut.

(3) Ja er erhält zu seinem Ruhm / Sein Wort und Evangelium / Nebst denen theuren Sacramenten / In deiner Lehrer Mund und Händen / So thut er tausend andern nicht; / Gedenck was seith zweyhundert Jahren / Du vor Veränd'rungen erfahren / Und gleichwohl brennt das helle Licht / das Wort und Evangelium / In dir zu Gottes Preiß und Ruhm.

---

85 Philipp Peter Götz, geb. 21. Oktober 1683 in Mühlheim in der Grafschaft Veldenz, gest. 7. April 1733 in Worms, 1720–1733 Pfarrer in Worms; Diehl, Pfarrer und Schulmeisterbuch, S. 431.

86 Johannes Meyer, geb. um 1695 in Schotten/Oberhessen, gest. 24. August 1735 in Mosbach/Wiesbaden-Biebrich, 1724–1729 Pfarrer in Worms; Diehl, Pfarrer- und Schulmeisterbuch, S. 431, und Sauer, Einweihung, S. 402 (150).

87 Die Gabe von Vegitze und Rotwein an Schulkinder war in Worms bei offiziellen Anlässen üblich.

88 Gemeint sind Reformierte und Katholiken; die Juden blieben ausgeschlossen.

89 Siehe zur Grundsteinlegung Kapitel 3.

90 Johann Christoph Graupner, geb. 13. Januar 1683 in Kirchberg/Sachsen, gest. 10. Mai 1760 in Darmstadt, wo er 1709–1760 als Hofkapellmeister wirkte. Zu den Kantaten: Wormsisches Denckmahl, P, Texte zur zweiten (?) Kantate am Einweihungstag; Bill, Dokumente Graupner, 5. Dreifaltigkeitskirche Worms, S. 149–156, Textwiedergabe 2. Kantate mit dem hier abgedruckten Arientext S. 151–154; Quellennachweis zu Noten in der Hess. Landes- und Hochschulbibliothek Darmstadt bei Reuter, Pfeifer, S. 31, Anm. 20.

Der Innenraum, Blick nach Westen mit den Emporen und dem Gemälde »Luther vor Kaiser Karl V.« (Aufnahmen S. 50–57: Stadtarchiv Worms, M 1684)

(4) Und siehe hier nechst an dem Ort / Wo Luther hat bekand das Wort / Steht nun ein schön gebauter Tempel / Zum wahren Zeugnuß und Exempel / der rein und unverfälschten Lehr / Ach daß doch diese Liebes-Probe / dem Herrn zum wahren Dienst und Lobe / Auch dir ein reitzend Beyspiel wär! / Tritt fleißig her an diesen Ort / Mein Wormbs zu hören Gottes Wort.«

Bei Dankfesten wurden Kantatentexte meist von den lutherischen Rektoren der Lateinschule abgefasst. Für die Einweihung der Dreifaltigkeitskirche ist jedoch zu vermuten, dass die Kantatentexte auf den hessen-darmstädtischen Pfarrer Johann Conrad Lichtenberg zurückgehen. Er war der bevorzugte Textdichter zahlreicher Kantaten von Graupner. Und er hatte eine familiäre Beziehung zu Worms, denn sein Vater Johann Philipp Lichtenberg hatte vor 1689 als Bürger und Amtsträger in der Stadt gelebt.[91]

11. Die biblischen Bilder an den Emporen-Brüstungen: Johann Martin Seekatz

Wie in St. Katharinen in Frankfurt und in der Dreifaltigkeitskirche in Speyer war die als fünfjochiges Kreuzgewölbe ausgebildete Holzdecke in Worms mit Szenen und Personen aus dem Alten und Neuen Testament ausgemalt. Die Brüstungen der beiden Emporen schmückten

---

91 Vgl. Reuter, Pfeifer, S. 31; Wicker, Kirchenkantaten Graupners, S. 381, zu den Textdichtern; Johann Philipp Lichtenberg (1660–1739) hat an einer Kollektenreise zur Finanzierung des Wiederaufbaus der 1689 zerstörten Stadt teilgenommen, Reuter, Kollektenreise, S. 378f.; sein Sohn Johann Conrad Lichtenberg (1689–1751) war der Vater des Göttinger Physikers, Philosophen und Satirikers Georg Christoph Lichtenberg (1742–1799).

Bilder mit biblischen Szenen, die jedoch im Gegensatz zu der Deckenmalerei erst nach der Einweihung fertig wurden. Nach dem am 30. Januar 1725 mit dem Maler Johann Martin Seekatz (geboren 1680 in Westerburg, verstorben 1729 in Worms)[92] geschlossene Akkord »*verspricht gedachter Kunstmahler ... die beydte Bordtkirchen mit Ihren Feldern und Einfassungen kunstmäßig mit feinen Farben zu mahlen, die anschließende kleine Leisten mit feinem Gold zu vergulden, wie nicht weniger die obere undt untere Säulen, worauf die beyde Bordtkirchen ruhen, wohlanständig und nett zu mahlen, außer denen Engelsköpfen. Zu dem ende Er ein stück zur probe anmahlen will, und wofern solches nicht gefällig seyn wolte, ein anderes auff art und weise, wie es besser gefällig, verfertigen und machen wolle, wie ingleichen das Stück so die Augspurgische Confession an den thurn repraesentiren solle, mit feinen Öhlfarben der Kunst gemäß zu mahlen und darzustellen*«.[93] Seekatz sollte demnach die Malereien an den Bortkirchen (Emporen) ausführen und außerdem an die Turmwand eine große Darstellung der »Augsburgischen Confession« von 1530 malen.

Ein Hinweis auf eine Programmvorgabe und auf Vorlagen für die Bilder an den Emporen existiert ebenso wenig wie bei der Deckenmalerei von Rosner. Der Maler dürfte auf allgemein zugängliche Bibelillustrationen wie etwa die Bilder-Bibel von Matthäus Merian zurückgegriffen haben. Inwieweit dabei persönliche Beziehungen des Pfarrers Meel (Mehl) und des Dreizehnerratsmitglieds Johann Friedrich Seidenbender zu dem Frankfurter Pfarrer Philipp Jakob Spener eine Rolle gespielt haben, muss vorläufig offenbleiben.[94]

Zu Beginn der Arbeiten war Johann Martin Seekatz samt seiner Familie von Grünstadt nach Worms gezogen und hatte sich als Beisasse niedergelassen. Ganz glücklich wurde die Malerfamilie Seekatz in Worms aber nicht; sie klagte mehrfach über die schlechte Zahlungsmoral der Stadt, die ihnen viele Unannehmlichkeiten bereitete.[95]

12. Beschreibung der Bilder von Johann Martin Seekatz an den beiden Emporen

Die Brüstungen der beiden Bortkirchen (Emporen) waren mit den von Johann Martin Seekatz gemalten Bildern geschmückt. An der oberen Brüstung befand sich ein aus 38 Bildern bestehender Zyklus von Darstellungen nach Bibelstellen aus dem Alten Testament (AT), an der unteren Brüstung ein Zyklus mit 38 Bildern aus dem Neuen Testament (NT). Einige der übereinanderstehenden Darstellungen konnten zusammen gesehen und gelesen werden, wobei die Korrespondenz der theologischen Interpretation bedarf.

Über und unter der jeweiligen Bilderreihe lief ein stuckiertes Gesims, das im Wechsel von mit dem Gesims verkröpftem dunklem Pilaster mit breitem hellem Rand und schmälerer dunkler korinthischer Säule mit Basis und Kapitel unterteilt war. In den Zwischenräumen befanden sich die gerahmten Bilder. Über dem oberen Rahmen war in einem queroblongen dunklen Feld in Weiß die Bibelstelle angegeben. Eine räumliche Unterteilung ergab sich durch die Emporenpfeiler, die allerdings in unterschiedlichen Abständen standen. Daher gab es pro Empore im Westen zwei Abschnitte mit vier breiten Bildern, im Norden fünf Abschnitte mit vier schmäleren Bildern, im Osten um die Orgel auf beiden Seiten zwei Abschnitte mit zwei breiten Bildern und im rechten Winkel abschließend nochmals eine Brüstung mit zwei Bildern. Daraus ergab sich die Gesamtzahl von 76 biblischen Darstellungen an den Emporen.

Der folgende Katalog wurde durch Kombination verschiedener Fotoserien sowie Innenansichten der Kirche zusammengestellt.[96] Die Durchnummerierung entspricht der Abfolge der Bilder. In jedem Abschnitt folgen auf die Bilder aus dem AT die darunter angebrachten Bilder aus dem NT.

---

92 Thieme-Becker, Bildende Künstler, Bd. 20, 1936, S. 428 f.: Johann Martin Seekatz, geboren 1680 in Westerburg, verstorben 1729 in Worms, seit 1719 Gräflich Leiningenscher Hofmaler in Grünstadt, zog 1725 mit Familie nach Worms, »wo er für die Dreifaltigkeitskirche tätig war (Fassmaler- und Vergolderarbeiten), an den Emporen biblische Szenen, handwerkliche Kopien, meist nach der merianschen Bibel.« Zur Familie Seekatz siehe Lambert, Seekatz.

93 StadtA Wo, Abt. 111/56,5 und 6, in doppelter Ausfertigung; Weckerling, Grundsteinlegung, S. 59; siehe im Anhang die buchstabengetreue Wiedergabe des Akkords mit Martin Seekatz.

94 Vgl. Boos, Städtekultur IV, S. 518 f.; zu Meel vgl. Kapitel 3, Anm. 21; zu Frankfurt und weitgehend auch für Speyer und Worms anzunehmen Proescholdt, Emporenmalerei St. Katharinen Frankfurt, S. 59–63; Jöckle, Dreifaltigkeitskirche Speyer, S. 18–20.

95 StadtA Wo, Abt. 111/59, Schreiben vom 2. September 1725; Weckerling, Grundsteinlegung, S. 59.

96 Fotos befinden sich im StadtA Wo, Abt. 111/57: Album mit Fotos, die grob nach dem biblischen Kanon geordnet sind (unvollständig), sowie im Fotoarchiv in der Bildmappe Dreifaltigkeitskirche (mit Negativnummern versehen, ebenfalls unvollständig). Zu der Serie von Foto Marburg, Zentralinstitut für Kunstgeschichte, www.zi.fotothek.org, siehe Johannes Götzen, Fotos aus Kriegszeit »retten« alte Pracht. Wieder aufgetauchte Dias zeigen zerstörte Fresken aus Dreifaltigkeits- und Pauluskirche, in: Wormser Zeitung, 2. Jan. 2006, S. 9. Den Hinweis an die WZ gab Prof. Dr. Richard Wisser/Worms. Es handelt sich um die Deckengemälde, die hier nochmals irrtümlich Johann Martin Seekatz zugeschrieben werden, aber von Johann Rosner stammen, siehe Kapitel 8 und 9. Sämtliche Aufnahmen sind im Institut für Stadtgeschichte Worms, Fotoarchiv, vorhanden.

Emporen im Westen mit Luthergemälde von Seekatz und bemalte Decke mit Stuck (M 797)

Westempore Abschnitt 1 (von Süden nach Norden)

AT

Genesis (1. Moses) 2,2-3: Adam und Eva im Paradies

Genesis 11,4: Turmbau zu Babel

Genesis 14,18 (10): Melchisedek bringt dem siegreichen Abram Brot und Wein

Genesis 21,15-18: Der Engel verkündet Hagar, dass Gott sie und ihren Sohn erretten wird; Anbringung: links neben der Uhr am Turm

NT

Mathaei (Matthäus) 2,11: Anbetung der Weisen aus dem Morgenland

Mathaei 2,19-20: Flucht nach Aegypten (mit Ochs und Esel!)

Johannis 2,1-10: Hochzeit zu Kana

Johannis 4,6-7: Jesus und die Samarit[an]erin am Brunnen

Westempore, AT: Genesis 14,18 (10): Melchisedek bringt dem siegreichen Abram Brot und Wein (F475/39)

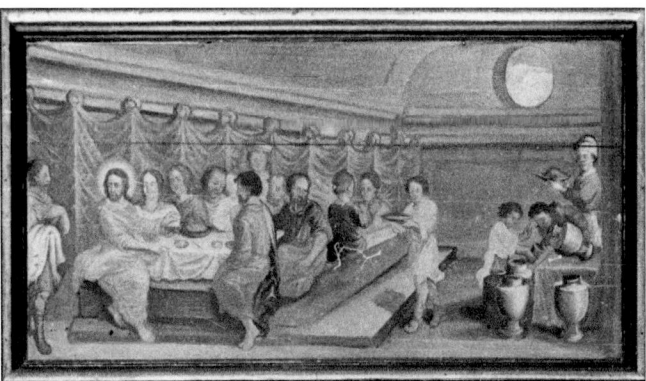

Westempore, NT: Johannis 2,1–10: Hochzeit zu Kana (F217/15)

Westempore, NT: Mathaei 2,19–20: Flucht nach Aegypten (F217/17)

Westempore, NT: Johannis 4,6–7: Jesus und die Samarit[an]erin am Brunnen (F217/13)

Westempore Abschnitt 2

AT

Genesis 24,16–18: Der Knecht Abrahams gewinnt Rebekka für Isaak zur Frau; Anbringung: rechts neben der Uhr

Genesis 25,33–34: Esau verkauft Jakob für ein Linsengericht sein Erstgeburtsrecht

Genesis 27,25: Jakob erschleicht sich den Erstgeburtssegen

Genesis 33,4: Versöhnung Jakobs mit Esau

NT

Johannis 4,47–53: Jesus heilt den Sohn eines Soldaten

Lucae (Lukas) 7,11–15: Der Jüngling zu Nain

Lucae 7,37–50: Salbung Jesu durch die Sünderin

Marci (Markus) 6,2–27: Enthauptung Johannes des Täufers

Nordempore Abschnitt 1 (von Westen nach Osten)

AT

Genesis 41,15: Joseph deutet die Träume des Pharao

Exodi (2. Moses) 12,2: Die Stiftung des Osterlamms

Exodi 25,10–38: Die Stiftshütte mit Lade, Gnadenstuhl, Schaubrottisch und siebenarmigem Leuchter

Num. (Numeri, 4. Moses) 13,23: Die Kundschafter mit der Weintraube

Westempore, AT: Genesis 24,16-18: Der Knecht Abrahams gewinnt Rebekka für Isaak zur Frau (F475/31)

Westempore, NT: Lucae 7,37-50: Salbung Jesu durch die Sünderin (F475/17)

Nordempore, NT: Mathaei 17,1-3: Christi Verklärung (F1114/30)

Nordempore, NT: Lucae 15,15: Der verlorene Sohn als Schweinehirt (F1114/26)

NT

Johannis 7: Jesus geht zum Laubhüttenfest und predigt im Tempel

Mathaei 14,25: Jesus wandelt auf dem Meer

Mathaei 15,22-28: Jesus und das kanaäische Weib

Lucae 10,30-37: Der barmherzige Samariter

Nordempore Abschnitt 2

AT

1. Regum (Könige) 10,18-20: König Salomon auf dem Löwenthron

1. Regum 17,6: Raben bringen Elia zu essen

1. Samuelis 20,35-39: Jonathan warnt durch einen Pfeilschuß David vor dem Grimm König Sauls

1. Regum 8,22: König Salomon betet vor dem Altar des Herrn

NT

Mathaei 17,1-3: Christi Verklärung

Lucae 15,15: Der verlorene Sohn als Schweinehirt

Lucae 16,21: Der arme Lazarus

Lucae 17,11-19: Die Heilung der zehn Aussätzigen

Nordempore, AT: Judic (Richter) 6,12: Der Engel des Herrn erscheint Gideon (F1114/28)

Nordempore, NT: Lucae 16,21: Der arme Lazarus (F1114/2)

Nordempore Abschnitt 3 (über dem Nordportal)

AT

Deuteron (Deuteronomium, 5. Moses) 34,1-5: Gott zeigt Moses das versprochene Land

Judic (Richter) 6,12: Der Engel des Herrn erscheint Gideon

1. Samuelis 4,16-18: Elis Tod

1. Samuelis 23,16-18: David und Jonathan schließen einen Bund

NT

Lucae 18,40-43: Jesus heilt einen Blinden

Johannis 11,41-44: Auferweckung des Lazarus

Lucae 18,10-14: Ein Pharisäer und ein Zöllner beten im Tempel

Lucae 19,45-46: Reinigung des Tempels

Nordempore Abschnitt 4

AT

1. Samuelis 1,24-27: Hanna bringt Samuel in den Tempel

1. Samuelis 19,9-10: Saul will David töten

1. Regum 19,5-7: Der Engel kommt zu Elia

2. Regum 2,24: Zwei Bären zerreißen die Knaben, die Elisa verspottet haben

NT

Mathaei 21,6-9: Christi Einzug in Jerusalem

Actorum (Apostelgeschichte des Lukas) 7,56: Steinigung des Stephanus

Actorum 8,13: Philippus tauft Simon

Actorum 9,3-4: Die Bekehrung des Saulus zum Paulus

Nordempore, AT: Actorum 27,41: Das Schiff mit dem gefangenen Paulus erleidet Schiffbruch (F476/7)

Nordempore, AT: Daniel 6,17: Daniel in der Löwengrube (F476/11)

Nordempore, NT: Apocal. 4,1–7: Offenbarung der Majestät Gottes (F216/13)

Nordempore, NT: Apocal. 6,7: Die vier apokalyptischen Reiter (F216/13)

Nordempore Abschnitt 5

AT

2. Regum 4,3-7: Elisa mehrt das Öl der Witwe

2. Regum 5,14: Naeman reinigt sich im Jordan

1. Paralepomena (Chroniken) 21,15-16: Gott gebietet dem Engel einzuhalten mit der Zerstörung Jerusalems

Estherae 5,12: Ahasveros und Haman kommen zum Mahl zu Esther

NT

Actorum 10,3: Die Bekehrung des Hauptmanns Kornelius

Actorum 14,13: Paulus predigt in Lystra

Actorum 27,41: Das Schiff mit dem gefangenen Paulus erleidet Schiffbruch

Apocal. (Apocalypse, Offenbarung des Johannes) 1,12-16: Das Geheimnis der sieben Sterne und der sieben Leuchter

Nordempore Abschnitt 6 (Ost)

AT

Hiobi 1,20-21: Hiob und die Schreckensboten

Daniel 6,17: Daniel in der Löwengrube

Südempore, AT: Tobiae 5,6: Der von einem Engel geleitete Tobias fängt einen seltsamen Fisch (F434/31)

Südempore, NT: Apocal. 15,16: Ausgießung der Schalen des göttlichen Zorns (F474/24)

NT

Apocal. 4,1-7: Offenbarung der Majestät Gottes

Apocal. 6,7 (das Bild zeigt Kap. 6,2-8): Die vier apokalyptischen Reiter

Nordempore Abschnitt 7 (nordöstlich hinter dem Altar)

AT

PR. Habacuc 1: Der Prophet Habakuk spricht von der Strafe für Judas Sünden

1. Zachariae (Sacharja) 1,7-12: Ein Engel mahnt Zacharias, den Vater Johannes des Täufers, zur Buße (das Bild zeigt 8): Zacharias sieht den Reiter auf dem roten Pferd.

NT

Apocal. 8,13: Eröffnung des siebten Siegels und ein Engel ruft »weh, weh, weh«

Apocal. 9: Die Schrecken beim Klang der fünften und sechsten Posaune

Südempore Abschnitt 1 (südöstlich hinter dem Altar)

AT

Judithae (Apokryphen Judith) 12,8-10: Judith betet im Zeltlager des Holofernes, Gott möge ihr Kraft zur Erlösung seines Volkes geben

Tobiae 5,6 (irrtümliche Angabe von Seekatz; das Bild zeigt Kap. 6,2-5!): Der von einem Engel geleitete Tobias fängt einen seltsamen Fisch

NT

Apocal. 13,1-10: Das siebenköpfige Tier aus dem Meer

Apocal. 15,16: Ausgießung der Schalen des göttlichen Zorns

Südempore Abschnitt 2

AT

Addit. Daniel (Apokryphen, Vom Drachen zu Babel) 26: Daniel stopft dem Drachen zu Babel das Maul

ICI 1. Maccab. (Makkabäer) 3,3-9: Judas Makkabäus kämpft gegen Apollonius und die Feinde Judas (die dargestellte Szene in einem Heiligtum verweist auf Maccab. 4, die Tempelreinigung durch die Makkabäer)

NT

Apocal. 18,21: Der Engel mit dem Mühlstein über Babylon

Apocal. 20,1-3: Höllensturz Satans

Südempore Abschnitt 3 (abschließende Querbrüstung)

AT

2. Maccab. 5,4: Die Bewohner Jerusalems beten aus Angst vor bösen Vorzeichen, die auf ihren Feind Antiochus verweisen

2. Maccab. 3,25-26: Schutz des Tempels vor Heliodor

NT

Apocal. 21,10: Der Engel zeigt Johannes das neue zwölftorige Jerusalem

Lucae 21,25-27: Jesus prophezeit die Zerstörung Jerusalems

13. Das Gemälde »Luther vor Kaiser Karl V.« an der Turmwand

Zur Ausführung des im Akkord für Johann Martin Seekatz vorgesehenen Gemäldes mit dem Thema »Augsburgische Confession« kam es nicht. Zwar nahm der Rat 1730 ein von seinem Sohn Johann Ludwig Seekatz geliefertes »geringfügiges« Gemälde mit diesem Thema entgegen und zahlte dem jungen Künstler eine Vergütung.[97] Doch erhielt die Turmwand dann ein 1733 (1735?) fertiggestelltes großes Gemälde »Luthers Widerrufsverweigerung vor Kaiser und Reich«.[98] Als Vorlage diente ein 1721 aus Anlass des zweihundertjährigen Reichstagsjubiläums entstandener Kupferstich des Augsburger Kupferstechers und Buchillustrators Karl Remshart (1678-1735).[99] Wann und wie die Entscheidung für diese Vorlage gefallen ist und ob Johann Martin Seekatz vor seinem Tod 1729 noch mit der Malerei begonnen hat, bleibt unklar. Ausgeführt und offenbar 1733 fertiggestellt hat das Gemälde anstelle seines verstorbenen Vaters der noch sehr junge Johann Ludwig Seekatz. Die Bildlegende des Turmgemäldes lautete: »Von Johann Martin Seekatz gemalt 1733«. Zu dieser Inschrift, in der aus unbekannten Gründen der bereits 1729 verstorbene Johann Martin Seekatz, nicht aber Johann Ludwig Seekatz als Maler genannt wurde, kam später der jüngere Zusatz »1817 von Philipp Christian Seekatz von Darmstadt [neu] gemalt« hinzu.[100] Ein von Philipp Christian Seekatz, dem Enkel (?) von Johann Martin Seekatz,[101] wohl im Rahmen der von ihm durchgeführten Restaurierung des Gemäldes angefertigtes Aquarell trägt die Legende: »Joh. Martin Seekatz pinxit 1735 – P. C. Seekatz Senior sculp. 1817«.[102]

Auf dem Reichstag zu Augsburg von 1530 wurde mit der von Philipp Melanchthon verfassten »Confessio Augustana« ein für die evangelischen Stände grundlegendes Bekenntnis der Lutheraner vorgelegt. Die bild-

---

97 StadtA Wo, Ratsprotokoll, 16. Juni 1730, 1/B 557, fol. 104; vgl. Reuter, Jubiläen und Dankfeste, S. 261 (141). Daten zu Johann Ludwig Seekatz siehe Lampert, Seekatz, S. 351: (Grünstadt/Pfalz 1711-1783 Speyer) als Kunstmaler von Worms.

98 Abb. in Denkschrift 1959, S. 49.

99 Abb. des Kupferstichs und des Wandgemäldes nebeneinander bei Weckerling, Grundsteinlegung, S. 60; der Kupferstich bei Walter, Dreifaltigkeitskirche, S. 37. Vgl. auch bei Diekamp, Luthers Spuren in Worms, S. 200; StadtA Wo, Abt. 217, Kasten 12, Nr. 15b.

100 StadtA Wo, 1B/557, fol. 104, Ratsprotokoll vom 16. Juni 1730 mit Annahme des Bildes von Ludwig Seekatz; vgl. Wörner, Kunstdenkmäler Worms, S. 208; Weckerling, Grundsteinlegung, S. 59f., gibt Ludwig Seekatz als Maler an; danach Walter, Dreifaltigkeitskirche, S. 37f.

101 Nach Lampert, Seekatz, S. 351, war Philipp Christian Seekatz (geboren 1750 in Worms, verstorben 1822 in Ginsheim), ein Enkel des Johann Martin Seekatz, von Beruf Maler, Zeichenlehrer in Worms, Hoftheatermaler in (Bad) Dürkheim und Darmstadt sowie Bauinspektor in Dürkheim; nach Thieme-Becker, Bildende Künstler, war Philipp Christian ein entfernter Großneffe des Johann Martin Seekatz.

102 Johann Martin Seekatz wird wiederum als Maler des von seinem Sohn Johann Ludwig 1733 fertiggestellten Gemäldes bezeichnet, sein Enkel (?) Philipp Christian 1817 ist der Stecher des aquarellierten Stiches. Das Original in der Städt. Gemäldegalerie Worms, Inv. Nr. 1255. Siehe auch bei Diekamp, Luthers Spuren in Worms, S. 197f.

Kupferstich von Remshart, Vorlage für das Gemälde von Seekatz (Aufnahme: Stadtarchiv Worms, 1518)

liche Darstellung von Luthers Widerrufsverweigerung vom 18. April 1521 dagegen griff ein unmittelbar mit Luther und Worms verbundenes Ereignis auf. Von wem die Anregung stammte, ist unbekannt. Doch spiegelt dieser Themenwechsel historisches Bewusstsein und Stolz auf die Bedeutung des »lutherischen Worms« am Beginn der Reformationszeit. Darauf bezieht sich auch der auf der Medaille zur Grundsteinlegung zu findende Satz: »*So setzt mich Gott nun an den Ort, wo Luther eh bekannt sein Wort*«.[103] Dass es sich dabei um eine falsche Annahme über den topografischen Ort handelt, an dem Luther vor Kaiser Karl V. gestanden hatte, wurde bereits erwähnt. Die Auseinandersetzung darüber spielte noch in der zweiten Hälfte des 19. Jahrhunderts eine Rolle. Das Lutherdenkmal von Ernst Rietschel sollte möglichst exakt an dem Ort des Ereignisses aufgestellt werden. Als sich herausstellte, dass Luther nicht im Bürgerhof oder der »Münze« vor den Kaiser getreten war, sondern im nördlichen Teil des ersten Obergeschosses des an den Dom angebauten Bischofshofs, in der Aula maior, wurde das Denkmal außerhalb der Stadtmauer auf dem zugeschütteten Stadtgraben errichtet. Dass dies für die Stadtentwicklung eine richtige Entscheidung darstellte, sollte sich in der Folgezeit erweisen.[104]

Unter den Hamman'schen Handzeichnungen aus der Zeit vor der Stadtzerstörung 1689 findet sich eine Vorderansicht des Bischofshofs.[105] Doch fehlt eine Innenansicht des Saales, in dem Luther am 18. April 1521 vor Kaiser und

---

103 Siehe bei Kapitel 3, Anm. 13 und 14.
104 Vgl. Wohlfeil, Reichstag von 1521, S. 89–123; Reuter, Lutherdenkmal Enthüllung, S. 308 (76). Der Bereich des 1689 zerstörten Bischofshofes war im 19. Jahrhundert Privatgelände. Die Eigentümerin, Frau Heyl geb. Martenstein, wollte für das große Denkmal samt dem zu erwartenden Besucherstrom glücklicherweise nicht ihren Garten zur Verfügung stellen.
105 Vgl. Reuter, Hamman Handzeichnungen, S. 90–91.

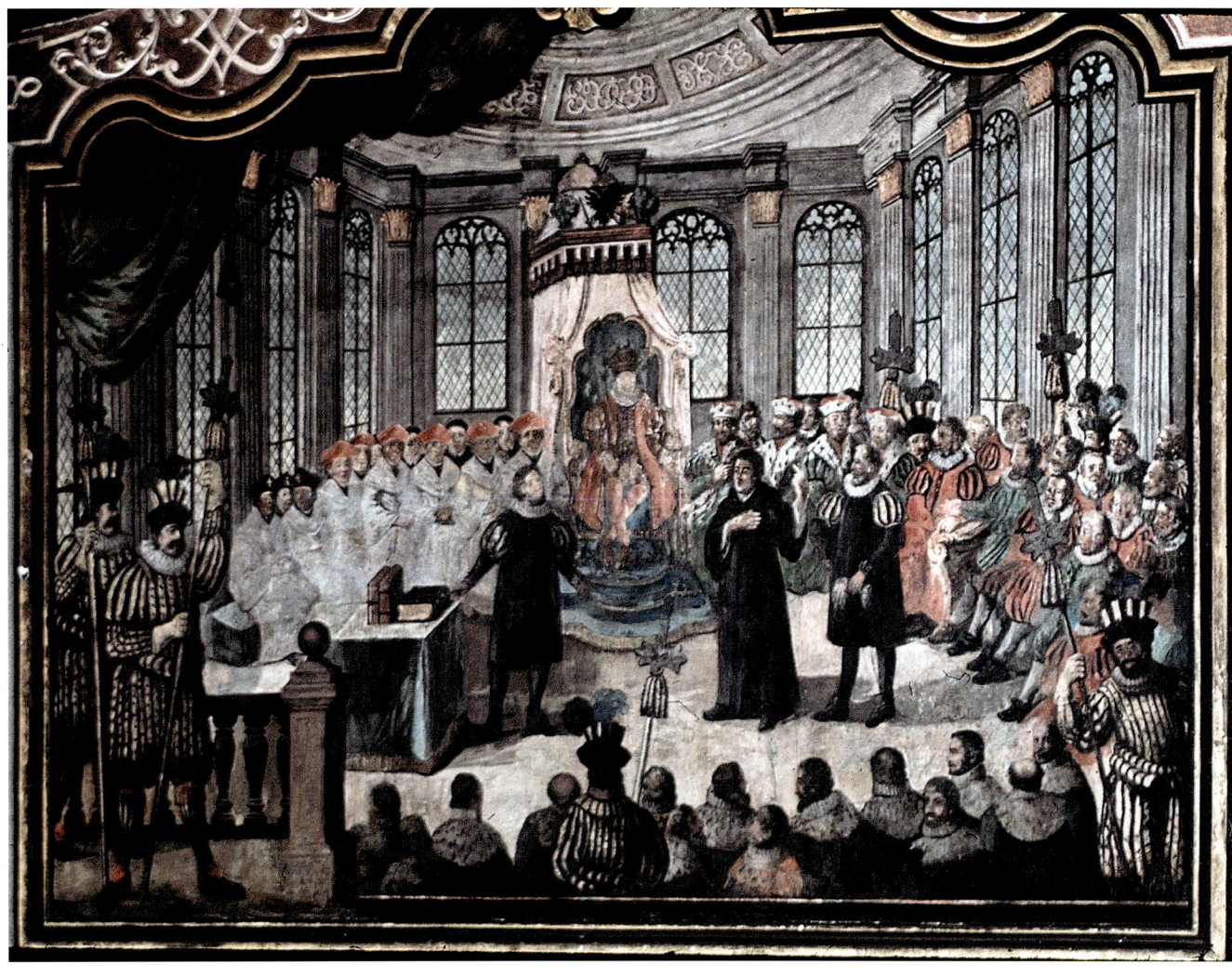

Luther vor Kaiser Karl V. (Zentralinstitut für Kunstgeschichte, Photothek / Foto: Wolff, Paul; Aufn.-Datum: 1944)

Reich gestanden haben könnte. Mit Ausnahme von zwei Holzschnitten aus dem 16. Jahrhundert, die aber keinen Raumeindruck vermitteln, gibt es kein authentisches Bildmaterial aus der Zeit vor der Stadtzerstörung.[106] Vielmehr bieten sämtliche bildliche Darstellungen des Geschehens einen Innenraum, der von historisierenden und zumeist barocken Vorstellungen geprägt wurde. Der Maler, wohl Johann Martin Seekatz, und die verantwortlichen Kirchenbaudeputierten, entschieden sich als Bildvorlage für den bereits genannten Kupferstich von Carl Remshart. Der von ihm präsentierte Raum zeigt barocke Züge, hohe helle Fenster, Stuckaturen an der Decke und etwas phantastisch historisierende Bekleidungen.[107]

In den schriftlichen Quellen finden sich für die beiden Verhöre Luthers am 17. und 18. April 1521 ausführliche Beschreibungen. Sie enthalten auch Angaben zu den Personen, die daran beteiligt waren.[108] In der Mitte von Remsharts Kupferstich und entsprechend dem Gemälde von Seekatz, ist Karl V. auf dem Thron dargestellt, links und rechts begleitet von Reichsfürsten. Seitlich auf Bänken sitzen links geistliche und rechts weltliche Würdenträger. Am unteren Bildrand und zwischen lanzenbewehrten Wächtern sind Personen mit Pelzkrägen dargestellt, in denen Magistratspersonen oder Bürger und damit wohl Vertreter der Städte zu sehen sind. Links vor dem Kaiser steht der Luther befragende Dr. Johann von der Ecken, der auf einen Tisch mit bibelähnlichen schweren Folianten zeigt, in denen aber nicht Luthers zumeist als Flugblätter gedruckte Schriften wiedererkannt werden können. Rechts steht, die rechte Hand über dem Herzen, Luther in einem Talar oder Chorrock und offenbar ohne Tonsur. Hinter ihm steht eine weitere Person, in der viel-

---

106 Vgl. Reuter, Reichstag 1521. Abb. 12 und 13: Luther vor Kaiser Karl V.
107 Abb. in der Denkschrift 1959, S. 49.
108 Vgl. Wohlfeil, Reichstag von 1521, S. 112–119.

Das Wormser Lutherdenkmal (Foto: Norbert Rau)

Ausschnitt aus dem Lutherdenkmal: Martin Luther vor Karl V. (Foto: Norbert Rau)

Heylshofgarten – hier stand der Wormser Bischofshof, wo die Lutherverhandlung stattfand (Foto: Norbert Rau)

leicht der sächsische Rat Dr. Hieronymus Schurf zu sehen ist, der in einem Zwischenruf »intitulentur libri« verlangt hatte, die Titel von Luthers Schriften zu nennen.[109]

Das Gemälde gibt im Grunde keinen Eindruck von der historischen Verhandlung mit Luther. Es will ein Ereignis in das Gedächtnis rufen, in denen die Hauptpersonen wichtige Rollen gespielt haben. Karl V. war es um die Einheit von Kirche und Reich zu tun. Luther hat unter Berufung auf sein »in Gott gefangenes Gewissen« den von ihm geforderten Widerruf seiner kirchenkritischen Schriften verweigert und sich zu ihnen bekannt. Das Schlusswort des Reformators: »Wenn ich nicht mit Zeugnissen der Schrift oder mit offenbaren Vernunftgründen besiegt werde, so bleibe ich von den Schriftstellen besiegt, die ich angeführt habe, und mein Gewissen bleibt gefangen in Gottes Wort. Denn ich glaube weder dem Papst noch den Konzilien allein, weil es offenkundig ist, dass sie sich selbst widersprochen haben. Widerrufen kann und will ich nichts, weil es weder sicher noch geraten ist, etwas gegen sein Gewissen zu tun. Gott helfe mir, Amen.«, das seine Rede »vor Kaiser und Reich« unter Berufung auf sein Gewissen zusammenfasst, lässt sich aus dem Gemälde nicht herauslesen. Hier wurde kein trotziger oder bekennender Luther dargestellt. Das Gemälde war ein Dokument des Bewusstseins der Wormser Lutheraner, in der stolzen und verpflichtenden Tradition eines herausragenden Ereignisses ihrer Glaubensgeschichte zu stehen, welches sich in ihrer Stadt abgespielt hat. Darin lagen seine Funktion und Bedeutung. Das 19. Jahrhundert war barocken Darstellungen nicht sonderlich gewogen. Dieser Aspekt dürfte den immer wieder anklingenden Zweifel an dem künstlerischen Wert des Gemäldes jedoch entschieden relativieren.

---

109 Vgl. Wohlfeil, Reichstag von 1521, S. 114; die Titel der auf einer Bank liegenden Schriften Luthers siehe bei Reuter, Denkmal der Reformationszeit, S. 16.

14. Die Bildhauerarbeiten und die Apostelgalerie: Johann Daniel Hader

Nach der Fertigstellung des Hauptgesimses 1722 konnten die Bildhauerarbeiten an der Turmgalerie beginnen. Handwerklich verfertigt wurden die Apostelreliefs nicht, wie August Weckerling vermutet hatte, von dem »Bürger und Steinhauer« Johann Christian Lange (Lang).[110] Bei Langes von Weckerling dafür in Anspruch genommenem Arbeitszettel von 1725, wonach er »gehauen die Ciraden an 14 postamender die kommen sein an die thurn gallery« und wofür er 10 Gulden und 10 Kreuzer beanspruchte, handelt es sich wahrscheinlich um die Blüten- und Fruchtgehänge an der oberen (zweiten) Galerie. Lange, der 1721/22 »alte Steine zur Neuen Kirche« behauen hatte, erhielt bereits 1722 geringe Abschlagszahlungen für »Zierrath an der galerie«. Dabei könnte es sich um Musterstücke gehandelt haben, zumal die Arbeiten am Turm noch nicht bis zur Fertigstellung der Galerien gediehen waren. Die Gesamtzahl der zu schmückenden Postamente der oberen Galerie betrug 16, Lange berechnete 1725 aber nur 14. Anscheinend trauten ihm die Kirchendeputierten nicht zu, anspruchsvollere Arbeiten ausführen zu können.[111] Daher übertrugen sie die Bildhauerarbeiten an der ersten Galerie mit den Apostelherstellungen dem Bildhauer Johann Daniel Hader, was ein Arbeitszettel belegt: »Bescheine hier Mit daß ich hab an der galerey die Zwolf apostoll und Sechs hengende frücht in stein auß gehauen, ist zu sahmen 40 fl. 30, dar von Kann ab gehen vor meine Frau ihren Kirchen Platz die 15 fl. Die ich dar auff schuldig bin. So Restiret mir noch 25 fl. 30 x. Worms d. 1. November 1725. D. Hader«. Daran schließt sich ein Vermerk von anderer Hand an: »Dieser Zettul kann nach abzug des weibersatzes vor seine Frau noch mit fl. 21 zahlt und verrechnet werden. Wormbs d. 3ten 9ber 1725. Böhm, Moritz.« Hader quittierte abschließend: »Hier auff entfangen von H. Wandesleben 15 fl. Dieser Zetel ist wegen Mein Frauen ihren Kirch Stuhl abzug vollig bezahlt. Wormes d. 26. Nov. Hader«.[112]

Johann Daniel Hader, geboren um 1670, und seine erste Frau Anna Katharina, geboren um 1671, stammten anscheinend nicht aus Worms. Beide sind erstmals 1718, als sie bereits verheiratet waren, im lutherischen Kirchenbuch als Taufpaten nachweisbar. Anna Katharina Hader starb am 11. Januar 1733 im Alter von 62 Jahren. Nach ihrem Tod heiratete Hader am 7. Juli 1733 in zweiter Ehe Maria Magdalena Hochstätter, die Tochter des Wormser Bäckers Jakob Amandus Hochstätter. Am 11. Januar 1735 ist Johann Daniel Hader im Alter von 62 Jahren gestorben, woraus sich sein oben genanntes wahrscheinliches Geburtsjahr erschließen lässt. Seine zweite Frau überlebte ihn lange, sie starb erst am 25. Oktober 1772.[113]

In den Bauakten der Dreifaltigkeitskirche wird Hader von 1723 bis 1733 genannt. Er scheint seit der Intensivierung der Bauarbeiten speziell für anspruchsvollere Bildhauerarbeiten beschäftigt worden zu sein. Seine Abrechnungszettel vermitteln einen guten Einblick in den Fortgang der Arbeiten.

1723 war das Kirchenschiff soweit fertiggestellt, dass die Vorarbeiten für die kunsthandwerklichen Arbeiten der von den Zimmermeistern Heinrich Johann Köhler und Johann Georg Steidel nach einem Riss der Frankfurter St. Katharinenkirche auszuführenden »Bortkirchen« (sc. Emporen)[114] begonnen werden konnten. Der mit Hader darüber abgeschlossene Akkord, auf den er sich in den Arbeitszetteln mehrfach beruft, existiert anscheinend nicht mehr. Sein Honorar wurde in Form von Abzahlungen von Kirchenrechner Wandesleben aus der »Kirchen Cassa« gezahlt. In einem Falle kam das Geld aus Mitteln der »Magni Collectur«,[115] die deren Verwalter Dieter eingenommen hatte. Pauschal ist die Rede von Arbeiten an den Säulen und Tragsteinen für die Bortkirche.[116] Im folgenden Jahr, 1724, werden die Angaben konkreter. Hader arbeitet am »Laubwerk auff die Tragsteine des Gewölbes«. Im Oktober sind auf dem Arbeitszettel 16 Tragsteine für die Gewölbe sowie »ein Stein auff die gallery an Tuhrm außgehauen« vermerkt, wobei die

---

110 Johann Christian Lang stammte aus Merseburg, kam wohl erst nach 1689 nach Worms, wo er 1713 die Sattlerstochter Maria Elisabeth Andrä aus St. Johann (Saarland) heiratete und wo er 1731 gestorben ist; vgl. Weckerling, Grundsteinlegung, S. 57f.
111 StadtA Wo 111/7 für 1721 und 1722, ebenda für 1725.
112 StadtA Wo, Abt. 111/29: Belege Maucher und Hader, Bildhauer.
113 Alle Angaben nach dem Lutherischen Kirchenbuch und den Registern im StadtA Wo.
114 StadtA Wo 111/58; Weckerling, Grundsteinlegung, S. 58.
115 Die seit dem 16. Jahrhundert von den Lutheranern in Anspruch genommene ehemalige Pfarrkirche des Andreasstiftes, St. Magnus, war im Hinblick auf das Eigentumsrecht zwischen Lutheranern und Katholiken umstritten. Doch existierte eine Kollektur (Rechnungsstelle), die von den Lutheranern verwaltet wurde. 1735 benutzte das französische Militär die Kirche als Heumagazin für Pferde und schlug zudem ihre Übergabe an die Wormser Jesuiten vor, die sie aber unter solchen Voraussetzungen nicht erwerben wollten. Nach Restaurierungsarbeiten stand St. Magnus dann ab Pfingstsonntag 1756 als lutherische Nebenkirche im Wechsel mit der Dreifaltigkeitskirche zum regelmäßigen Gottesdienst zur Verfügung. Vgl. Reuter, Magnuskirche in Worms, S. 48–49; Hotz, Magnuskirche in Worms, S. 16–19, bildet 1756 angefertigte Deckenmalereien in der Magnuskirche ab, die ein nicht identifiziertes Mitglied der Familie Seekatz gemalt haben soll. Die Gemälde gingen mit der gesamten Innenausstattung der Magnuskirche beim Luftangriff vom 21. Februar 1945 verloren.
116 StadtA Wo 111/29 für 1723.

Blick über die Apostelgalerie (Foto: Norbert Rau)

letztere Arbeit vermutlich als Muster für den Galerieschmuck zu sehen ist. Im Dezember berechnet Hader 20 Kapitelle und 20 dazugehörige »*Claun*« (sc. verzierte Unterstücke), die er nach einem Akkord für die untere Bortkirche gemacht habe.[117] Im März 1725 sind es 17 Kapitelle samt Claun für die obere Bortkirche sowie »*ein hengende frücht*« (Blumen- und Früchteornament), das ebenfalls als Vorarbeit für den Galerieschmuck zu sehen ist. Im Mai berechnet er zwei Engelsköpfe aus Lindenholz als Eckschmuck, im Juni und Juli arbeitet er am Portal, für das der Steinhauer Schneider im Juni 1725 eine Steinlieferung berechnete,[118] und im August heißt es, Hader habe das Portal für insgesamt 50 Gulden gemacht. Auf Arbeiten an der Kanzel deutet sein Arbeitszettel vom 9. September 1725 hin, wonach er sieben Kapitelle am Stuhl geschnitten habe, worunter wohl der Pfarrstuhl zu verstehen ist. Weiter gibt er in diesem Arbeitszettel an, auf den Marmorstein die Buchstaben geschnitten zu haben. Dabei handelt es sich vermutlich um die an der 1726 fertiggestellten Marmorkanzel angegebenen Namen der Kirchendeputierten Maximilian Peter Böhm und Philipp Christian Moritz sowie des Kirchenrechners Peter Wandesleben, die dort eingehauen waren. Am 1. November 1725 legte er dann den bereits zitierten Arbeitszettel vor, wonach er an der unteren Turmgalerie die zwölf Apostel und sechs hängende Früchte in Stein ausgehauen habe. Da die Einweihung der Kirche bereits am 31. Juli erfolgt war, hatte er wahrscheinlich die Arbeit zum Einweihungstag noch nicht beendet.[119]

Die Fertigstellung der Innenausstattung der Kirche zog sich noch einige Jahre hin. Hader erhielt von den Kirchendeputierten 1726 den Auftrag, an den Kirchen-

---

117 StadtA Wo 111/29 für 1724.
118 StadtA Wo 111/8.

119 StadtA Wo 111/29 für 1725; ausführliche Wiedergabe des Arbeitszettels vom November bei Anm. 112.

stühlen sechs auf beiden Seiten geschnittene (verzierte) Blindflügel anzufertigen, zwei aus Lindenholz und vier aus Nussbaumholz. Nach dieser im Februar abgerechneten Arbeit war er an dem neuen Pfarrstuhl tätig, für dessen Verzierung er sechs hängende Früchte aus Holz anfertigte. Im gleichen Zettel vom August rechnete er ein Stück Aufsatz, eine Füllung und zwei Blindflügel sowie zwei Rosen ab, die er für die Kanzel angefertigt hatte.[120] Im Mai 1727 berechnete er sieben Kapitele »*zu daß Model von den Althar*«, im Juli 1728 Türfüllungen mit Engelsköpfen für die Altartüren. Im November wird ihm der verakkordierte Betrag für »*die hölßene Vuttrall*« ausgezahlt, die er auf Anordnung des regierenden Stättmeisters Johann Franz Knode für die beiden Silberkannen, wohl vom Tauf- und Abendmahlsgeschirr, angefertigt hatte.[121] Auch für 1729 erhält er eine kleinere Zahlung für akkordierte Arbeiten. Im April 1731 rechnet Hader erneut einen »*Befehl*« (Auftrag) ab, den ihm der regierende Stättmeister erteilt hatte. Dabei ging es um zwei Säulen und zwei Engelsköpfe, die er auszuhauen hatte. Wandesleben zahlte ihm dann am 1. April 1733 einen Abschlag auf die »*Zier Raten an die Orgel*«. An der Verzierung der Orgel arbeitete Hader auch weiter mit, stellte zum 24. April zwölf Stück Zierrat in Rechnung und gab an, älteren Zierrat ausgebessert zu haben. Sein letzter vorhandener Arbeitszettel ist auf den 12. Juni 1733 datiert, mit der Angabe, er habe 28 Stück Zierrat für die neue Orgel gemacht.

15. Beschreibung der Apostelgalerie von Johann Hader am Turm

Die erste Turmgalerie, an deren Postamenten sich die Apostelddarstellungen befinden, umschließt eine nach Osten offene dreiseitige Balustrade. Sie beginnt im Nordosten mit einer floral ornamentierten Steinplatte, gefolgt von einem Postament mit einem Apostelrelief sowie kräftigen Balustern, die bis zum nächsten Postament mit Apostelrelief geführt sind. Daran schließen sich wiederum Baluster bis zum nächsten apostelgeschmückten Postament an. Die folgende Ecke im rechten Winkel nach Süden bilden zwei florale Ornamentplatten. Es folgen ein weiteres Apostelpostament, Baluster, Apostelpostament, Baluster, Apostelpostament. Hier unterbricht der Turm in voller Breite diese Ordnung, die dann spiegelverkehrt nach Süden und über eine rechtwinklige Ecke nach Osten fortgesetzt wird und in einer abschließenden, ursprünglich ornamentierten, heute glatten Schlussplatte endet.

Die zwölf Jünger Jesu werden zu von Jesus Christus vor seiner Himmelfahrt (Matthäus 28,16-20) selbst ernannten »Aposteln«, d.h. wörtlich: »Ausgesandten«, zu »Missionaren« des Evangeliums. Der inzwischen durch Selbstmord verstorbene Judas Iskariot wurde in einem Wahlverfahren der verbliebenen elf Jünger durch Matthias ersetzt (Act 1,15-26). Die Anzahl der Apostel steht mit »zwölf« zwar kanonisch fest; doch gibt es verschiedene Namenslisten, da die Zugehörigkeit einzelner Personen schwankt. Paulus wurde erst sehr viel später dazugerechnet; und deswegen wurde an der Dreifaltigkeitskirche auf Thaddäus verzichtet, damit es bei der Zahl Zwölf bleibt. Hrabanus Maurus hat den symbolischen Gehalt der Zwölf-Zahl herausgehoben (z.B. die zwölf Tore Jerusalems). Er nennt sie die »*Säulen des Evangeliums*«, was für den Kirchbau von Bedeutung wurde, wie etwa bei den Säulenheiligen in Chartres. Diesen Gedanken hat man in Worms auf den zwölf Relieftafeln umgesetzt. Die Apostel haben Jesu Leben, Wirken und Tod bezeugt und verkündet. Sie sind damit menschliche Zeugen der göttlichen Offenbarung des Neuen Testaments.

Die Abfolge der Apostel auf der Turmgalerie erscheint willkürlich und zeigt keine überzeugende Reihung, so dass eine Umstellung einzelner Reliefs nicht auszuschließen ist. Die barocken Reliefs wirken derb. Dem strengen Anspruch mancher Reformatoren an eine Darstellung in schlichter Form entsprechen sie keineswegs. Zusammen mit ihren Attributen scheinen sie eher als Schmuck für eine katholische Kirche gedacht zu sein. Doch zeigt sich darin wohl auch, dass die Wormser Lutheraner nicht bilderfeindlich waren.

Alle Apostel erscheinen im Vollrelief. Sie steigen als Halbfiguren aus in Voluten auslaufendem Blattwerk, gekleidet in faltenreiche Gewänder. Die meisten sind bärtig und mit ruhigem, verklärtem Gesicht dargestellt. Neben dem sie kennzeichnenden Attribut haben sie, als üblichen Hinweis auf einen Heiligen, ein Buch bei sich. Bis auf Jakobus den Älteren tragen sie keine Kopfbedeckung. Die folgende Beschreibung[122] der Apostelreihe an der Galerie beginnt nach einer ornamentlosen Steinplatte mit dem ersten Postament im Nordosten.

---

120 StadtA Wo 111/29 für 1726.
121 StadtA Wo 111/29 für 1728; zu den Altartüren vgl. Walter, Dreifaltigkeitskirche 1725-1925, S. 10.

122 Zur Erläuterung wurde herangezogen Joseph Braun, Tracht und Attribute der Heiligen in der deutschen Kunst. Stuttgart 1943 (unveränderter Nachdruck München 1974).

1 JOHANNES
2 SIMON
3 MATTHÄUS
4 PHILIPPUS
5 JAKOBUS MAJOR
6 ANDREAS
7 PAULUS
8 JAKOBUS MINOR
9 THOMAS
10 PETRUS
11 MATTHIAS
12 BARTHOLOMÄUS

(Fotos: Norbert Rau)

1. JOHANNES, Evangelist, Märtyrer. Er ist der Bruder des älteren Jakobus (5) und war von Beruf Fischer. Im Gegensatz zu den üblichen Darstellungen als junger Mann und begleitet von einem Adler, ist er als alter Mann wiedergegeben. Älterer Praxis folgend, ist hier eine Schriftrolle sein Attribut.

2. SIMON, Märtyrer. Er trägt in der Apostelgeschichte den Beinamen Zelotes (»der Eiferer«). Über sein Leben und seinen Tod ist wenig bekannt. Die Säge gilt vermutlich als Attribut für sein Martyrium und findet sich ohne nähere Begründung seit dem 14. Jahrhundert.

3. MATTHÄUS, Evangelist, Märtyrer. Vor seiner Berufung hieß er Levi und war Zöllner. Wie Johannes (1) gehört auch er unter die Evangelisten, hat eine Apostelliste überliefert und wird meist mit dem Beizeichen eines Engels dargestellt. Als Märtyrer erscheint er hier mit der Hellebarde als Attribut.

4. PHILIPPUS, Märtyrer, befreundet mit Andreas (6). Der Legende nach verkündete er das Evangelium in Phrygien, wo er in Hierapolis gekreuzigt und gesteinigt wurde. Sein Martyrium wird durch den Kreuzstab als Attribut angedeutet.

5. JAKOBUS MAIOR (der Ältere), Märtyrer, älterer Bruder des Johannes (1). Sein Grab in Santiago de Compostela in Nordwestspanien ist ein berühmter Wallfahrtsort, er selbst gilt als Pilgerheiliger. Daher wird er mit den Attributen Pilgerstab, Pilgerhut und Pilgermuschel dargestellt.

6. ANDREAS, älterer Bruder des Petrus (10), wie jener Fischer. Jesus hatte sie berufen, künftig »Menschenfischer« für Glauben und Nächstenliebe zu sein (Matthäus 4,19 u. ö.). Auf sein Martyrium an einem X-förmigen Kreuz weist das »Andreaskreuz« als sein Attribut hin.

7. PAULUS (oder »Paulos« – so die lateinische bzw. griechische Namensform; in hebräischer Schreibweise: »Sha'ul/Saulus«), als jüdischer und römischer Bürger in Tarsus (in der heutigen Türkei) geboren und in Rom hingerichtet, wurde erst sechs Jahrzehnte später unter die Apostel gerechnet. Er war, ausweislich seiner Briefe, der geistig bedeutendste und einflussreichste Missionar des frühen Christentums. Sein Attribut ist das Schwert – ein Hinweis auf den Märtyrertod, den er in der Christenverfolgung unter Kaiser Nero erlitt.

8. JAKOBUS MINOR (der Jüngere), Märtyrer. Als Haupt der jüdisch-christlichen Gemeinde in Jerusalem wurde er gesteinigt und mit einer Walkerstange erschlagen, die als sein Attribut erscheint.

9. THOMAS, Martyrium unsicher. Er wird als der »ungläubige Thomas« oder auch »der Zweifler« bezeichnet, weil er an der Auferstehung Jesu zweifelte. Als Schutzpatron der Bauleute hat er als Attribut ein Winkelmaß.

10. PETRUS, eigentlich Simon Petrus, Märtyrer, vor seiner Berufung durch Jesus Fischer wie sein Bruder Andreas (6). Er steht gewöhnlich an der Spitze der Apostelreihe. Nach dem Matthäus-Evangelium 16,18 hat Jesus zu ihm gesagt: »*Du bist Petrus, auf diesen Felsen will ich meine Kirche bauen*«, ein Wortspiel mit dem griechischen Wort für »Fels« (griech. »petra«). Er wurde der erste Bischof von Rom und gilt daher als der erste Papst. Im Jahr 67 wurde er in Rom gekreuzigt. Sein Attribut ist der Schlüssel, denn Jesus hat gesagt: »*Ich will dir die Schlüssel des Himmelreichs geben: Was du auf Erden binden wirst, soll auch im Himmel gebunden sein, und was du auf der Erde lösen wirst, soll auch im Himmel gelöst sein*« (Matthäus 18,18).

11. MATTHIAS, Märtyrer. Aus dem Kreis der 70 Jünger Jesu (Lk 10,1–24) wurde er nach dem Verrat des Judas Iskariot an dessen Stelle in das Apostelkollegium gewählt. Sein Leben wie sein Tod sind legendär überliefert. Sein Attribut weist auf seine Enthauptung mit dem Beil hin.

12. BARTHOLOMÄUS, Märtyrer. Sein eigentlicher Name war wohl Nathanael, der übliche Name bedeutet »*Sohn des Furchenziehers*«. Von Beruf zunächst Gärtner, folgte er als einer der ersten Jesus nach (Markus 3,18). Verschiedenen Überlieferungen gemäß missionierte er in Indien, Persien und Germanien. Sein Attribut weist auf sein Martyrium hin: Er erlitt den Tod am Kreuz, doch schnitten ihm seine Peiniger danach noch mit einem Schindmesser die Haut, die er über dem Arm trägt, vom Leib.

16. Die Marmorarbeiten an Kanzel und Altar: Francesco Pedetti und Peter Franciscus Georgioli

Ausstattung und Ausmalung der Kirche waren zum Einweihungstermin noch unvollständig. Altar und Kanzel waren provisorisch aus Tannenholz gefertigt worden, die endgültige Ausführung erfolgte erst nach der Einweihung.[123] Auch die Ausmalungen waren zum Teil noch nicht begonnen. Finanzielle Engpässe[124] und die für eine Fertigstellung aller Arbeiten zu knappe Zeit bildeten die Hauptgründe für die Verzögerung. Motivation für die Weihe der noch unfertigen Kirche war, ähnlich wie bei St. Katharinen in Frankfurt und Dreifaltigkeit in Speyer, der Wunsch, sie möglichst bald der lutherischen Gemeinde für ihren Gottesdienst zur Verfügung zu stellen.

Unmittelbar nach der Einweihung wurde die Anfertigung der Kanzel in Angriff genommen. Der Akkord mit dem aus Italien stammenden, seit 1722 in Mannheim ansässigen Marmorierer Francesco Pedetti ist auf den 31. August 1725 datiert.[125] Pedetti hatte ein Modell vorgestellt, das neben der Kanzel samt Schalldeckel den anschließenden Pfarrstuhl und die Stiege vom Pfarrstuhl in die Kanzel berücksichtigte. Verwendet werden sollte schwarzer und roter Marmor, der wahrscheinlich, wie später auch beim Altar, aus Brüchen an der Lahn kam und an den Wormser Rheinkran geliefert wurde. Wegen der hohen Materialkosten forderte der Rat eine Bürgschaft, die zunächst der in Mannheim ansässige kurfürstliche Hoflieferant Antonio Brentano leistete, der sie aber bereits kurze Zeit später auf den Wormser Spezereiwarenhändler Franz Brentano übertrug. Nachdem der Marmor im November 1725 angeliefert worden war, wurde sie ihm erlassen.

Im Mai 1726 war die Kanzel einschließlich der bildhauerischen Zutaten fertig und konnte zum Pfingstfest am 9. Juni 1726 eingeweiht werden. Der Pfarrstuhl mit vergoldetem Holzgitterwerk auf einer Marmorbrüstung und die marmorne, mit einem Schalldeckel versehene Kanzel waren im vorderen Teil der Kirche auf der Südseite angebracht, so dass sie trotz räumlicher Entfernung den für einen lutherischen Gottesdienst wichtigen Zusammenhang von Altar, Kanzel und Orgel erkennen ließen.[126] Wörner, der wie Walter die Kanzel aus eigener Anschauung kannte, schreibt dazu, wobei er auch die beiden zuständigen Kirchenbaudeputierten aus dem Dreizehnerrat und den Finanzverwalter nennt: »*Die marmorne Kanzel stammt laut der oberen Inschrift vom Jahr 1726. Die Inschrift lautet: HANC CATHEDRAM PONI CURAVERUNT XIII VIRI BOEME ET MORIZ DEPUTATI 1726. Die untere Inschrift lautet: WANDESLEB CASSAE ADM. An der Wand unter dem Schalldeckel befinden sich zwei marmorne Engelsfiguren, von denen die eine einen Schlüssel, die andere ein Buch mit den eingeritzten Worten hält:* ›*Verbum Domini manet in aeternum*‹ (›*Das Wort Gottes bleibt in Ewigkeit*‹)*. Auf dem Baldachin steht das Lamm, Symbol für Christus, mit dem Siegesbanner der Auferstehung.*

Neben der Kanzel befindet sich der Pfarrstuhl, innerhalb eines vergoldeten, ornamentierten Holzgitterwerkes auf marmorner Brüstung, welches zwar nicht ganz mustergültige Formen aufweist, aber immerhin einen malerischen Effekt und Erfindungsgabe nicht vermissen lässt. Der Pfarrstuhl ist durch zwei an den Enden der Vorderwand angebrachte Türen zugänglich … Türen und Fensterpfosten sind durch geschnitzte Engelsköpfe mit von ihnen herabhängenden Fruchtgehängen verziert … bekrönt ist derselbe (Pfarrstuhl) durch Voluten und Blattgewinde, sowie durch das in der Mitte angebrachte Wormser Wappen mit dem Reichsadler darüber.«[127] Die bildhauerischen Arbeiten gingen auf Johann Daniel Hader zurück.[128]

Ebenfalls ein italienischer Künstler wurde für die Marmorarbeiten am Altar gewonnen: Peter Franciscus Georgioli. Der Vertrag mit dem »Marmorierer, in Italien gebürtig«, wurde am 17. Februar 1727 abgeschlossen.[129] Wiederum wurde das Procedere sowohl der Ausführung als auch der Materialbeschaffung festgeschrieben. Der schwarze und rote Marmor sollte aus Brüchen im Lahntal geliefert werden. Georgioli hatte das Material auszu-

---

123 Vgl. Weckerling, Grundsteinlegung, S. 58 und S. 60f.
124 Die Witwe des 1731 verstorbenen Steinhauers Lang erhielt noch 1738 Abschlagszahlungen auf Arbeiten ihres Mannes, vgl. Weckerling Grundsteinlegung, S. 57f.
125 Francesco Pedetti kam aus Casaco (Prov. Como), von wo die Familie 1722 nach Mannheim verzog. Sein Schwiegervater, der italienische Architekt Lorenzo Retti, war in Franken und Oberbayern tätig, wo als sein Nachfolger Francesco Pedettis Sohn Mauricio Pedetti (1719-1799) seit 1750 als Fürstlich Eichstättischer Hofbaudirektor in der zweiten Hälfte des 18. Jh. eine wichtige Rolle spielte (vgl. Dehio, Oberbayern, S. 99 und 217). Eine Verbindung zu dem ebenfalls in Eichstätt tätigen Maler Johann Rosner, siehe Kapitel 8 und 9, ließ sich bisher nicht nachweisen. Der Akkord ist abgedruckt bei Weckerling, Grundsteinlegung, S. 60; Thieme-Becker, Bildende Künstler, Bd. 26, 1932, S. 341, erwähnt ihn als Marmorierer und Werkmeister, tätig in Mannheim und in der Bruchsaler Liebfrauenkirche (Marmorsäulen und Marmorarbeiten am Hochaltar).
126 Abb. in Denkschrift 1959, S. 22, 24f.; siehe Kapitel 18.
127 Wörner, Kunstdenkmäler Worms, S. 207; Walter, Dreifaltigkeitskirche 1725-1925, S. 10.
128 Zu Haders Anteil siehe in Kapitel 14.
129 Abgedruckt bei Weckerling, Grundsteinlegung, S. 61; Grünewald, Aus Holz erschaffen, S. 102ff.

Kanzel mit Pfarrstuhl von Francesco Pedetti (Aufnahme: Stadtarchiv Worms, M 793)

Altar von Peter Franciscus Georgioli (Aufnahme: Stadtarchiv Worms, CH 1365)

suchen und die Anlieferung zu veranlassen. Die ihm dabei entstandenen und von ihm vorgelegten Kosten zahlte die Stadt zurück.

Das eine Abendmahls-Darstellung zeigende, von einem unbekannten Künstler (Rosner, Seekatz, N. N.?) gemalte Altarblatt des im Osten freistehenden und von einer kleinen Balustrade umgebenen Altars war links und rechts von jeweils drei Säulen begleitet. Sie trugen, geschaffen von dem Bildhauer Johann Friedrich Maucher, ein Gesims mit einem gesprengten Giebel, der die vollplastische Darstellung der Dreifaltigkeit (Vater und Sohn, über ihnen der durch eine Taube symbolisierte Heilige Geist) einschloss. Unterhalb der Dreifaltigkeitsgruppe hielten zwei Engelputten das von goldenen Sternen umgebene Stadtwappen mit silbernem Schlüssel und sechsstrahligem goldenen Stern auf rotem Grund. Oberhalb des Altars befand sich auf der zweiten Empore die mit einem aufwendigen Prospekt versehene Orgel.[130]

16a. Das wiedergefundene Altarmodell

Nach Abschluss des Reuter'schen Manuskripts im Januar 2011 wurde 2012 im Magazin des Städtischen Museums im Andreasstift das Modell eines Altars gefunden (Inv.-Nr. M4590). Schnell erkannte man, dass es sich hierbei um das Modell für den zerstörten barocken Altar der Dreifaltigkeitskirche handelte. Dieser Fund wurde zum Anlass für eine kleine Ausstellung im Museum, ergänzt durch zwei profilierte Marmorstücke, die zum Altar gehörten und nach 1945 aus den Trümmern geborgen wurden (Inv.-Nr. M4721 a+b). Die damalige Museumsleiterin Dr. Mathilde Grünewald publizierte diese Entdeckung.[131] Eine Notiz im Museum besagt, dass das Modell 1957, also während des Wiederaufbaus der Dreifaltigkeitskirche, von einem Unbekannten im Museum abgegeben wurde. Es wurde damals nicht inventarisiert und nicht in den Eingangsbüchern aufgenommen. Das Altarmodell aus Holz hat eine Gesamthöhe von insgesamt 48,8 cm, mit

---

130 Zu Mauchers Akkord siehe Kapitel 18; Abb. Walter, Dreifaltigkeitskirche 1725–1925, S. 13, und Denkschrift 1959, S. 24.

131 Vgl. Grünewald, Aus Holz erschaffen, S. 97–111; dazu auch Kapitel 3a.

Modell des Altars (Foto: Claudia Weissert, Städtisches Museum Worms; bearbeitet von Norbert Rau)

einer Breite von 34 cm sowie einer Tiefe von 27 cm und es stellt nur die in Marmor geschaffenen Teile dar. Die aus Holz geschnitzten Altarteile von Johann Friedrich Maucher hat es im Modell nie gegeben. Aber das Altarbild mit einer Abendmahlsszene ist zu erkennen. Es ist rätselhaft, warum es nicht im Vertrag mit dem Steinmetz Peter Franz Giorgioli erwähnt wurde, stattdessen nur der »Riss«, also die Zeichnung. Auch bleibt unklar, wer das Modell, das damals in erster Linie für die Steinmetzarbeit von Interesse war, geschaffen hat. Die von Grünewald/Beyer geäußerte Vermutung, das Modell könnte von Architekt Villiancourt stammen, ist abzulehnen, weil das Altarmodell keinesfalls dem Altar in dessen Grundrissplan entspricht. Es liegt nahe, dass sowohl das Altarbild im Modell als auch später im Altar noch von Johann Martin Seekatz († 1729) oder bereits schon von seinem Sohn Johann Ludwig Seekatz geschaffen wurde. Ein anderer Maler ist wohl auszuschließen.

17. Die Orgel von Johann Mayer

Für die in einer lutherischen Kirche so wichtige Orgelmusik stand zunächst nur ein kleines Interimsinstrument aus dem Besitz des Wormser Stadtorganisten Johann Gabriel Zech zur Verfügung. Verhandlungen wegen des Baus einer großen Kirchenorgel mit dem renommierten Orgelbauer Christian Vater aus Hannover, den der Darmstädter Hofkapellmeister Christoph Graupner empfohlen hatte, gestalteten sich schwierig, so dass Vater schließlich absagte. Daraufhin kam es am 3. Mai 1726 zu einem Vertrag mit dem Frankfurter Orgelbauer Johann Mayer. Das Orgelwerk sollte in zwei Jahren aufgestellt werden. Daraus wurde jedoch nichts. Vielmehr zogen sich Materialbeschaffung und Arbeit über sechs Jahre hin.

In Worms war man derweil mit der Errichtung des Altars beschäftigt. Eine weitere Ursache für die Verzögerung war neben anderen Aufträgen, die Mayer zeitgleich ausführte, die jeweils notwendige Reise von seinem Wohn- und Werkstattort Frankfurt nach Worms samt Aufenthalt. Der zwischendurch von Mayer gemachte Vorschlag, die Orgel besser im Westen der Kirche aufzustellen, brachte neue, zeitraubende Diskussionen. Ab 1730 war Mayer dann bemüht, die Sache voranzutreiben. 1731 trafen die in der Frankfurter Werkstatt hergestellten Teile des Werkes auf dem Wasserweg über Main und Rhein in Worms ein. Zwischendurch war Mayer krank. Dennoch ging es langsam weiter. Im Oktober wurde die von der Stadt erworbene Interimsorgel von Zech verkauft. Am 2. September 1732 war die Mayer-Orgel aufgestellt. Sie konnte jedoch erst im Frühjahr 1734 in Gebrauch genommen werden, nachdem Mayer mit der Stimmung des Orgelwerkes fertig war.[132]

Die Information über die Fertigstellung der Mayer-Orgel fand sich 1880 bei ihrem Abbruch auf einem darin angebrachten Zettel. An ihre Stelle trat damals ein neues Werk des Königlich Preußischen Hoforgelbauers Wilhelm Sauer aus Frankfurt an der Oder, nach seiner Disposition mit 40 Registern. Erhalten blieb der qualitätsvolle Prospekt von Hoos und Maucher.[133]

Die Orgel von Johann Mayer mit Holzbildhauerarbeiten von Johann Friedrich Maucher (Aufnahme: Stadtarchiv Worms, M 792)

---

132 Vgl. Walter, Dreifaltigkeitskirche 1725–1925, S. 38f. und S. 45; Bösken, Orgelgeschichte, S. 481–493, zu Maucher, S. 492.

133 Vgl. Bösken, Orgelgeschichte, S. 481–493. Sauer hat 1885 für die Wormser Synagoge eine Orgel mit 10 Registern gebaut, Seip, Synagogenorgeln, S. 14–16. Am Schabbat spielte sie Carl Haine, der ev. Organist der Dreifaltigkeitskirche. Für Juden blieb diese Tätigkeit religionsgesetzlich umstritten, Reuter, Warmaisa, S. 164.

Die Mayer-Orgel von 1732 besaß, einschließlich Pauken, 26 Register.[134] Ein positives Urteil über das Werk gab 1839 der Mannheimer Stadt- und Hoforganist F. W. Schulz ab. Er lobte vor allem die »Vox Humana«: Sie habe einen lieblichen Ton und sei von gutem Metall angefertigt. In den Folgejahren musste das Orgelwerk verschiedentlich von Wormser Orgelbauern repariert werden.

1773 erfolgte der Einbau eines Glockenspiels von 2 ½ Oktaven. Hergestellt hatte es der Universitäts Mechanicus Fischer aus Erfurt für 60 Reichstaler »schwer Geld«. Eingesetzt wurde es von dem Wormser Orgel- und Klavierbauer Johann Christian Jeckel, dem der Wormser Stadtorganist Johann Theodor Greiner[135] dabei zur Hand ging. Das völlig neue Werk von Sauer, ein »Meisterwerk der damaligen Zeit mit französischem Einschlag« – Sauer war bei dem bedeutenden französischen Orgelbauer Cavaillé-Coll in die Lehre gegangen und hatte im Elsass sowie in der Schweiz gearbeitet – bot nach seiner Einweihung am 1. Juni 1880 mit damals modernster Technik ein sehr viel breiteres Klangspektrum.[136]

18. Die Holzbildhauerarbeiten an Altar und Orgel: Johann Friedrich Maucher

Einen kleinen Teil der hölzernen Zierelemente für die Orgel hat Johann Daniel Hader geschaffen. Während das Orgelgehäuse von dem Wormser Schreiner Johann Peter Hoos angefertigt wurde, übertrugen die Kirchendeputierten Böhm und Moritz dem Bildhauer Johann Friedrich Maucher die Anfertigung des figürlichen Schmucks. Maucher, der im Fränkischen zu Hause war und nach seinem wichtigsten Tätigkeitsort, dem Deutschordensschloss Ellingen als »Ellinger Bildhauer« bezeichnet wird, war katholisch. Darauf dürfte auch der Hinweis in seinem Akkord verweisen, er sei Bildhauer »alhir in dem Bischofflichen Hof«. Bisher ließ sich ihm jedoch keine Bildhauerarbeit am Wormser Dom oder am Bischofshof zuschreiben. Hingegen findet er sich als vielbeschäftigter und renommierter Bildhauer an zahlreichen Kirchen- und Profanbauten in Franken, wobei sich seine Tätigkeit in Worms mit der im fränkischen Raum zeitlich mehrfach überschneidet.[137]

In dem am 4. August 1727 mit Maucher abgeschlossenen Akkord war festgelegt worden, dass er, entsprechend einem von ihm vorgelegten Entwurf und in Übereinstimmung mit dem Riss des Altars, die »Heylige Dreyfaltigkeit ... künstlich und schön« vollplastisch aus Holz aushauen solle, da sie von allen vier Seiten zu sehen sei. Es handelte sich um die bereits erwähnte Gruppe mit Gottvater, Jesus Christus und der darüber schwebenden Taube als Symbol des Heiligen Geistes sowie um die begleitenden Engel und das von Engelputti gehaltene Stadtwappen. Dafür sollten ihm zu vier Terminen je 15 Gulden, insgesamt also 60 Gulden, gezahlt werden.[138] Mit dem Maler Johann Martin Seekatz wurde am 26. Januar 1728 der Akkord für die Bemalung und Vergoldung der offenbar fertiggestellten Bildhauerarbeit abgeschlossen. Die Figuren sollten nach »Alabaster Art« weiß bemalt und poliert werden, Strahlen, Nimben, Gewandränder und Zierrat wie Laubwerk waren zu vergolden. Nach abgeschlossener Arbeit sollte der Maler 50 Gulden erhalten.[139]

Erneut nahmen die Kirchendeputierten dann 1731–1733 Mauchers Dienste in Anspruch. Er wurde beauftragt, den reichen figürlichen Schmuck an der Orgel zu schaffen. Dazu gehörten die Holzfigur eines Harfe spielenden Königs David, vier große Engel (davon zwei mit den Posaunen des Jüngsten Gerichts) und sieben musizierende Engelputten mit Geigen, Trompeten und Pauke.[140] In der Gesamtabrechnung ist für diese Arbeit der stattliche Betrag von 188 Gulden ausgewiesen, während Johann Daniel Hader mit nur noch 33 Gulden beteiligt war, die ihm zudem von Wandesleben geringfügig gekürzt wurden.[141] Am 8. Februar 1732 wurde zwischen den

---

134 Vgl. Bösken, Orgelgeschichte, die Disposition Mayers, S. 486 f.
135 Vgl. Koch, Wormser Stadtorganisten im 18. Jahrhundert, S. 138–156. Greiner (1740–1797) war von 1760 bis zu seinem Tod 1797 Stadtorganist in Worms und machte sich auch als Komponist einen Namen. Zu Jeckel siehe Bösken, Orgelgeschichte, S. 491. – (Anmerkung V.J.Fey:) Die wahrscheinlich einzige heute noch vorhandene und spielbare Orgel von Jaeckel steht in der »Kleinen, ehem. lutherischen Kirche« Osthofen. Nachdem sie Anfang der 1980er Jahre ausgebaut und in der Scheune eines Landwirts gelagert worden war, weil man sie nach einer Verkleinerung des Kirchraums durch den Einzug einer Zwischendecke für entbehrlich hielt, wurde Ende der 1980er Jahre beschlossen, sie von der Firma Förster & Nicolaus, Lich (Oberhessen), doch restaurieren zu lassen. Während der Lagerung waren indessen 90 Prozent des Pfeifenbestands sowie die Schleierbretter »verschwunden«, so dass sie aufwendig rekonstruiert werden mussten. Die Blattgoldarbeiten am Orgelprospekt und der dazugehörigen Empore verrichtete der Osthofener Maler Heinrich Seibel († 2023). Die Restaurierung kostete bis Anfang der 1990er Jahre rund 103.000 Deutsche Mark.
136 Vgl. Bösken, Orgelgeschichte, die Disposition Sauers, S. 492 f.
137 Maucher arbeitete lt. Dehio, Franken in Bad Windesheim und Ickelheim (63, 397), Ellingen (252–256), Heilsbronn (358), Neustadt an der Aisch (536), Röttenbach, wo er als »Ellinger Bildhauer« bezeichnet wird (714), und Westheim (882).
138 StadtA Wo, Abt. 111/56: Akkord mit Johann Maucher betr. Arbeiten am Altar, 4. Aug. 1727.
139 StadtA Wo, Abt. 111/56: Akkord mit Seekatz Bemalung der Figuren am Altar, 26. Jan. 1728.
140 Abb. Denkschrift 1959, S. 55.
141 StadtA Wo 111/29 für Hader und Maucher.

Kirchenbaudeputierten und den »Seekatzischen Gebrüdern« Friedrich Heinrich und Johann Ludwig, die das Malergeschäft ihres Vaters im Auftrag ihrer Mutter weiterführten, ein Akkord über die Malerei am Orgelgehäuse abgeschlossen.[142]

Ein Vergleich der Zahlungen an Hader und Maucher, sofern er überhaupt zulässig ist, kann nur anhand der erhaltenen, vermutlich nicht vollzähligen Arbeitszettel erfolgen. An Hader sind 1723–1733 Zahlungen mit einer Summe von rund 357 Gulden nachzuweisen. Davon entfallen auf den Zeitraum 1723–1725, jedoch ohne die Apostelreliefs, 234 Gulden, Ende 1725 für die Apostel und Fruchtgehänge dann weitere 40 Gulden und 30 Kreuzer. Im Jahr 1725 hat Hader somit total 149 Gulden eingenommen. 1726 sind es noch 29 Gulden, 1727–1733 insgesamt 54 Gulden. Sein Einkommen wurde nach dem Einweihungsjahr deutlich geringer.

Maucher, der kürzere Zeit in Worms arbeitete als Hader, erhielt 1727/28 für die Holzfiguren am Altar 60 Gulden und 1731/32 für die künstlerische Ausschmückung des Orgelprospektes mit holzgeschnitzten Statuen 188 Gulden, zusammen 248 Gulden. Haders vielgestaltige Arbeiten wurden demnach geringer bezahlt als die beiden Hauptaufträge für Maucher. Dessen Arbeiten als Holzbildhauer schätzten die Bauherren offenbar höher ein als die Steinbildhauerarbeiten Haders an der Galerie, falls nicht Fassungen und dergleichen den höheren Betrag mitbegründeten.

19. Die Glocken

In der Glockenstube des Turmes der Dreifaltigkeitskirche hingen drei Glocken.[143] Alle trugen lateinische Inschriften mit Hinweis auf ihre Herstellung bei den Landauer Bürgern und Glockengießern Heinrich Ludwig Gosmann und Christoph Zimmermann.

Die größte von ihnen hatte ein wechselhaftes Schicksal, worauf eine deutschsprachige Inschrift eingeht: »*Mein Sitz war einst das Martins-Thor (Anno 1605) / Als diesen ich im Brand verlor (anno 1689) / Verbarg man in der Erde mich / Die schlosz mich viele Jahr in sich / Dann ward ich der Dreyfaltigkeit (Anno 1725) / Hier in der neuen Kirch geweiht / Als endlich ich gebrechlich war (Anno 1738) / So stellte ich mich dreyfach dar (Anno 1739) / Zwei Schwestern bracht ich noch mit mir / Die stehen hier zur Seite mir*«. Am unteren Rand war zu lesen: »*Ich bin der große Bär / wenn man mich höret brummen / musz alles um mich her / erzittern und verstummen*«.

Nachdem die vergrabene Glocke freigelegt worden war, brachte man sie bereits 1721 auf den noch unfertigen Turm. Als sie 1738 zersprang, wurde sie bei Gosmann in Landau wiederhergestellt.[144] Zur gleichen Zeit waren auch ihre beiden zukünftigen Begleiterinnen in Arbeit.

Die zweite Glocke, ebenfalls bei Gosmann gegossen, trägt das Stadtwappen und berichtet in ihrer deutschen Inschrift: »*Ich bin die Nachtigall / wann ich beginn zu singen / Hört man den hellen Schall / durch Luft und Wolcken dringen*«.

Die dritte Glocke, bei Gosmann 1739 gegossen, war zur Zeit des Berichtes von Wörner 1887 nicht mehr im Original vorhanden. Auf ihr stand »*Ich bin die kleine Grill / doch kreusch ich überlaut / dass alles umb mich her / begierig auf mich schaut*«. 1823 bekam sie einen Sprung, so dass 1825 ein Umguss vorgenommen werden musste.[145]

20. Buntglasfenster und jüngere Ausstattungselemente

Buntglasfenster besaß die Kirche im 18. Jahrhundert nicht. Erst im späten 19. Jahrhundert wurde die Kirche im Süden damit ausgestattet. Darunter war ein aufwendiges Luther-Fenster, gestiftet von Friedrich Wilhelm (von) Schoen (andere Schreibweise gelegentlich: »Schön«), 1883 Initiator und Mäzen des anlässlich von Luthers 400. Geburtstag in der Kirche aufgeführten Lutherfestspiels von Hans Herrig und später Initiator des Baus des Wormser Spiel- und Festhauses von 1889.

Neben einem Luther-Porträt zeigte die Glasmalerei Szenen aus Luthers Leben und Wirken sowie, unter einem Baldachin am Fuß des Fensters, sein Erscheinen vor Kaiser Karl V. auf dem Reichstag zu Worms 1521. Darunter war zu lesen: »Zur Erinnerung an das Lutherfestspiel 1883 gestiftet von Friedrich Schön«.[146]

---

142 StadtA Wo, Abt. 111/59, in doppelter Ausfertigung.
143 Vgl. Wörner, Kunstdenkmäler Worms, S. 209. Wenig ergiebig und mit der irrtümlichen Jahreszahl 1729 Bonkhoff, Glockenbuch, S. 149, 152 und 166.
144 Weckerling, Grundsteinlegung, S. 63. Vom Guss einer vierten Glocke, zu der Gosmann geraten hatte, sah man, wohl aus finanziellen Gründen, ab.
145 Walter, Dreifaltigkeitskirche 1725–1925, S. 45f.
146 Abb. bei Walter, Dreifaltigkeitskirche 1725–1925, S. 47; Reuter, Friedrich Wilhelm v. Schoen, S. 31–43; Reuter, Karl Hofmann, S. 148f.

Die drei Glocken Bär und Grille (oben) und die Nachtigall (unten) (Fotos: Norbert Rau)

Lutherfenster, gestiftet anlässlich des 400. Geburtstags von Martin Luther und der Wormser Lutherfestspiele (Aufnahme: Stadtarchiv Worms, 460)

Die barocke Dreifaltigkeitskirche in Worms (1709–1725/1732)

Die Reichstagsszene war somit zweimal dargestellt: einmal als Gemälde am Turminneren und nun auch als Glasmalerei.

Während auf der Nordseite kein Fensterschmuck angebracht wurde – zumal das wegen der beiden Emporen nicht sinnvoll gewesen wäre – bekam die Südseite nach einer Neuverglasung der Fenster mit Kathedralglas und der Schenkung Friedrich Wilhelms von Schoens vier weitere schmückende Glasmalereien. Dargestellt waren in schlichter Rahmung die *Taufe* (Stiftung Brauerei-Direktor Werger, 1889); die *Trauung* (Stiftung Sophie Freifrau von Heyl zu Herrnsheim, 1893); die *Konfirmation* (Stiftung der drei Töchter des Dekans Keim, Präsident des Lutherdenkmalbauvereins, 1894); die *Auferstehung* (Stiftung Frau Dr. Georg Renz; Bürgermeister, 1895).

Da die schmucklose Südwand, im Gegensatz zu der mit einem durchgehenden dunklen Holzpaneel in Mannshöhe versehenen Nord- und Ostwand, noch immer etwas kahl wirkte, entschloss man sich, in der Magnuskirche aufgestellte Grabsteine in die Dreifaltigkeitskirche zu übertragen und an der Südwand anzubringen. Darunter waren Epitaphe für Zeitgenossen der Entstehung des Gotteshauses.[147]

Nach dem Ersten Weltkrieg stiftete 1934 Dr. Dr. iur. Cornelius Wilhelm Karl Freiherr von Heyl zu Herrnsheim (1874–1954) ein von dem Darmstädter Bildhauer Ludwig Habich (1872–1949) geschaffenes Gefallenendenkmal, das, quasi als Rahmen, in die Südtür der Kirche eingestellt wurde: Christus beugt sich vom Kreuz zu zwei Soldaten hinab, von denen nur der linke (von Christus aus rechte) an seinem Helm als deutscher Soldat erkennbar ist. Das Denkmal überstand als einziges Ausstattungsstück im großen Kirchenraum den Brand. Nach dem Zweiten Weltkrieg wurde es als »Mahnmal für die Gefallenen der Weltkriege« interpretiert und im Andachtsraum, linkerhand im Eingangsbereich, untergebracht. Hier ist auch erstmals der heutige Titel »Auferstehung« nachweisbar.[148]

An das Geschehen um Luther in Worms und die Reformationsgeschichte in der Stadt erinnern die mittelalterliche Magnuskirche als eine der frühesten lutherischen Predigtstätten in Deutschland, das »Lutherzimmer« des Museums der Stadt im Andreasstift, die Stelle im Heylshofpark mit dem Hinweis auf Luthers Widerrufsverweigerung seiner Schriften von 1521 an der Stelle des untergegangenen Bischofshofs und Ernst Rietschels monumentales Lutherdenkmal von 1868.[149]

Die an zentraler Stelle am Marktplatz der Stadt und gegenüber dem monumentalen katholischen Dom, der »Krone der Stadt«[150], von der lutherischen Bürgerschaft ab 1709 erbaute und 1725 eingeweihte Dreifaltigkeitskirche und heutige »Reformations-Gedächtnis-Kirche zur Heiligen Dreifaltigkeit« ist, über mancherlei schwierige Zeitläufte und die Zerstörung von 1945 hinweg, eine herausragende und lebendige Stätte evangelischen Glaubens in der »Lutherstadt Worms« geblieben.

---

147 Vgl. Walter, Dreifaltigkeitskirche 1725–1925, S. 12 und 46.
148 Abb. Denkschrift 1959, S. 30; siehe den nachfolgenden Beitrag von Spille.
149 Siehe Diekamp, Luthers Spuren in Worms.
150 Titel einer Vortragsreihe der Akademie des Bistums Mainz 2010 zur tausendjährigen Wormser Domgeschichte und gleichnamige Publikation, hg. von: Kohlgraf, Schäfer, Janson, Der Dom zu Worms – Krone der Stadt.

Anhänge

Vertrag Rosner (Roßner), StadtA Wo 111/56 (6), 17. März 1724

Abschrift vom Original:

Seite I;
1) Kund und Zu wiessen seye allen, denen es Zu wiessen
2) gebühr etc, daß Zwischen unß Zu ende dieses unter
3) Zeichneten L. L. Raths Deputirten Zum Evangelischen
4) Neuen Kirchenbau alhier Ein seits und dem auch unter
5) schriebenen Kunstmahler anderseits, ein auffrechter accord
6) getroffen worden, nehmlich es verspricht Herr Rossner
7) das gewölbe und die Bögen über denen Kirchenfenstern
8) in Fresco kunst mässig mit feinen hierzu erforder-
9) lichen Farben zu mahlen, die Grota oder Rieppen
10) wie Marmor anzustreichen, außer dem Rundstab
11) daran, welcher mit gemeinen Gold zu vergulden
12) und mit beständigem Goldfürnis zu über
13) fahren, die Blumen und Laubwerk an denen
14) schlußsteinen wie auch den Grantz mit feinen
15) Gold zu vergulden, und daselber zu planiren,
16) auch das gold und Benöthigte feine farben
17) auf seinen eigenen Kosten zu stellen und
18) herbey zu schafen. Wor gegen wir Deputierte
19) Ihme vor solche treulich und kunstmäßige
20) arbeit nach und nach zu bezahlen verheißen
21) Drey hundert Gulden

Seite II:
22) in gangbahrer Müntz, und zwar so gleich zu erkaufung
23) nöthiger farben und goldes Siebenzig fünff
24) Gulden, item in währenter Arbeit Eine
25) Ohm Wein und fünff Malter Korn. Zu mehr
26) dieses accords Bekräfftigung und fest halten
27) haben wir Zwey gleich lautende Contract
28) Brieffe aufgesetzt von Beyden theilen eigen-
29) händig unterschrieben. So geschehen Wormbs
30) den 17. Marty 1724.
31) Item nach wohlverfertigter arbeit seiner Frau
32) eine proportionirte discretion:
33) hingegen sind auch die tragsteine sowie
34) deren nöthig, mit gutem goldt zu vergulden.
35) M(aximilian) Böhm				Roßner
36) P(hilipp) C(hristian) Moritz		Mahler

Seite III:
Nota der Gelder so H. Roßner nach und nach Empfangen
1724

21 Mertz baar Empf.	fl 75
July 6 baar empfangen seine Frau	fl 8
July 15 Baar zahlt	fl 67
	fl 150
Aug. 25 Baar zahlt	fl 50
7br 8 baar zahlt	fl 50
19 baar zahlt	fl 20
8bns 6 baar zahlt	fl 10
	fl 280
unter 11 7br an H. Moritz zahlt ???	fl 10
9br 25 durch Herrn Dieder empf.	fl 15
	fl 305
9br 18 Ime baar zahlt	fl 6
	fl 311

(Ende der Abrechnung)

Vertrag Seekatz, StadtA Wo 111/56 (2), 30. Januar 1525

Abschrift vom Original:

Seite I:
1) Mit Gott!

2) Wir Zu ende dießes unter Zeichenten Zum
3) allhiesigen Neuen Kirchenbau Von Raths
4) wegen Deputirte, Einseits, Wie auch der
5) gleichfalß unterschriebene Kunstmahler
6) anderseits, urkunden hiemit, Daß Zwischen
7) uns ein aufrechter accord geschlossen und
8) getroffen worden, Wie folgt: nemblich
9) Es Verspricht ged.(achter) Kunstmahler in allhiesiger
10) Neuen Kirchen die beydte Bordkirchen mit
11) Ihren Feldern und Einfaßungen Kunstmäßig
12) mit Feinen Farben zu mahlen, die anschließ-
13) ende kleine leisten mit feinem gold zu Ver-
14) gülden, wie nicht weniger die obere undt
15) untere Säulen, worauff die beyde Bordt-
16) Kirchen ruhen, wohlanständig und nett

17) zu mahlen, außer denen Engelsköpfen.
18) Zu dem ende Er ein stück zur probe anmahlen
19) will, und wofern solches nicht gefällig seyn
20) wollte, ein anderes auff art und weisse,
21) wie es besser gefällig, Verfertigen und

Seite II:
22) machen Wolle, Wie ingleichen das Stück
23) so die Augspurgische Confession an dem
24) thurn repraesentiren solle, mit feinen
25) Öhlfarben, der Kunst gemäß, zu mahlen
26) und darzustellen.
27) Worgegen wir Deputirte demselben
28) theils unter der handt, theils nach ver-
29) fertiger arbeit in baarem geldt Zu Zahlen
30) Zusagen und Versprechen, Zwey hundert
31) Gulden vor Ihn, und 2 Lovis d'or vor seine
32) Frau geben. Wollen wir Ihme die benöthig-
33) te farben, auf der Kirchen Kosten, stellen,
34) sambt dem Leinöhl, behalten unß aber
35) dieses darbey auß, daß wofern die
36) arbeit unß wieder alles Vermuthen,
37) nicht anständig seyn wolte, in unserer
38) macht stehe, diesen Contract Zu ver-
39) ändern, oder gar zu Vernichten, welches
40) alles, wie es mit guter überlegung
41) geschlossen, wir beyderseits treulich und

Seite III:
42) auffrecht Zu halten gedenken, sonder einige
43) gefährde, Zu dem ende haben (wir) Zwey gleich-
44) Lautende accordt-brieffe auffge-
45) setzet, sollten beyden contrahirenden theilen
46) unterschreiben. Geschehen Wormbß den
47) 30t January, 1725.
48) Marthin Seekatz
49)   P(hilipp) Moritz

Seite IV:
(Der folgene Schlussabsatz gehört zur zweiten Ausfertigung, 111/56 (1) und steht auf einem Einzelblatt).

50) Accordbrieffe auffgesetzt, so
51) von beyden contrahirenden theilen
52) unterschrieben. Geschehen Wormbß den
53) 30ten January 1725
54)   (Peter) M(aximilian) Böhm
55) Marthin Seekatz
56)   P(hilipp) C(hristian) Moritz

Dr. Irene Spille

Die Dreifaltigkeitskirche
Eine moderne Kirche in barocken Mauern

Zerstörung und Wiederaufbau

Die Bombennacht am 21. Februar 1945

Gegen Ende des Zweiten Weltkriegs, am Abend des 21. Februar 1945, wurde die Wormser Innenstadt durch britische Bomber nahezu komplett zerstört. Am 18. März 1945 wurde die zerstörte Stadt durch amerikanische Bomber noch stärker verwüstet. Von der Dreifaltigkeitskirche blieben im Februar nur die Umfassungsmauern und der Turm stehen. Die großartige Innenausstattung ging verloren, bis auf die Reste des Grabmals von Stättmeister Geyer und das Denkmal für die Gefallenen des Ersten Weltkriegs von Ludwig Habich. Die hölzerne Turmlaterne brannte ebenfalls, die beiden großen, in der Kirche verbliebenen Glocken fielen herab auf die gemauerte Decke des Turmerdgeschosses, des Eingangsraumes, und blieben dort verbeult liegen. Glücklicherweise wurden die kunstvoll geschnitzten Türflügel des Eingangsportals im Westen nicht zerstört, auch nicht das filigrane schmiedeeiserne Rankenwerk im Oberlicht, denn diese lagen außerhalb des Bereichs der Feuersbrunst. Die Bomben haben am 21. Februar das Kirchenschiff getroffen, zum Glück nicht den gemauerten Turm.

Planung und Gedanken zum Neubeginn nach 1945

1945 gab es kaum einen brauchbaren Ort für Gottesdienste in der Innenstadt. Die einzige evangelische Kirche, die verschont geblieben war, war die Lutherkirche im Westen der Stadt. Das Gemeindeleben musste wieder aufgebaut werden, und dafür benötigte man Orte für den Gottesdienst. Deswegen wurden die einfachen und überschaubaren Maßnahmen in der Stadt zuerst ausgeführt und die aufwendigen und teuren Wiederherstellungsmaßnahmen zurückgestellt. Das Pfarrhaus der Dreifaltigkeitskirche war zwar zerstört, aber der baulich daran anschließende Gemeindesaal nur beschädigt. Schon im Frühsommer 1946 wurde mit der Wiederherstellung begonnen und bereits am 11. November 1946 konnte er als Gottesdienstraum der Dreifaltigkeitsgemeinde feierlich eingeweiht werden. Auch die Friedrichsgemeinde feierte zunächst zusammen mit der Dreifaltigkeitsgemeinde hier gemeinsam ihre Gottesdienste. Das ehemalige Andreasstift, 1802 profaniert und seit 1930 Städtisches Museum, war bereits 1947 weitgehend wiederhergestellt, und die Kirche wurde nach knapp 150 Jahren vorübergehend für Gottesdienste der Magnusgemeinde zur Verfügung gestellt. Im Dezember 1950 wurde im Norden der Stadt die Lukaskirche eingeweiht, eine nach Plänen von Otto Bartning errichtete Kirche im Programm der steinernen Not-

---

1 Prof. Bartning hat diesen einfachen, klaren Kirchentyp, der hier durch den Wormser Architekten Philipp Hotz um einen Turm erweitert wurde, für den dringenden Bedarf nach 1945 entwickelt. Zu der Wormser Anlage (Bensheimer Straße 15) gehören noch Gemeinderäume und ein Kindergarten. Die finanziellen Mittel stellte die amerikanische Sektion des Lutherischen Weltbunds zur Verfügung. (Vgl. Spille, Denkmaltopographie Worms, S. 60; vgl. auch hier Anm. 7.)

Die zerstörte Stadt Worms (Aufnahme: Stadtarchiv Worms, M 1155_2)

Ausgebrannter Innenraum der Dreifaltigkeitskirche (Aufnahme: Stadtarchiv Worms, M 1063a)

Gottesdienst zur Ankunft der Glocke »Grille« am 3. Januar 1948 (Aufnahme: Stadtarchiv Worms, F 436/18)

Dreifaltigkeitskirche von Norden, mit Notdach auf dem Turm, 1949 (Aufnahme: Stadtarchiv Worms, M 4028)

Menschenmassen strömen zur Kirche anlässlich des Gottesdienstes zum Beginn des Wiederaufbaus am 27. März 1955 (Aufnahme: Stadtarchiv Worms, F 1514/10)

Zerstörter Altar, geschmückt zum Gottesdienst anlässlich des Wiederaufbaubeginns (Aufnahme: Stadtarchiv Worms, F 1514/10)

kirchen.[1] Bis 1953 war dann die Magnuskirche wiederhergestellt und bis 1955 die Friedrichskirche.

Zu keinem Zeitpunkt nach Kriegsende wollte die Wormser Bevölkerung auf ihre »Marktkirche« verzichten. In der Ruine, zwischen den Trümmern, fanden an dem Tisch des zerstörten barocken Altars sehr bald wieder Gottesdienste statt.

Zu Beginn der Kulturwoche des neu gegründeten Bundeslandes Rheinland-Pfalz wurde am 1. Juni 1947 ein großer Festgottesdienst, an dem renommierte Theologen aus dem ganzen Bundesgebiet beteiligt waren, in der Ruine der Dreifaltigkeitskirche, an der beschädigten Altarmensa, abgehalten. Die beiden aus dem Schutt geborgenen Glocken »Bär« und »Nachtigall« waren provisorisch im beschädigten Kirchturm aufgehängt worden und konnten zu diesem Anlass erstmals wieder erklingen. Nicht nur die Kollekte dieses Gottesdienstes war zum Wiederaufbau der Kirche bestimmt. An diesem Tag wurde auch offiziell der Beschluss zum Wiederaufbau der Kirche urkundlich besiegelt.[2]

Der achtseitige Stumpf des Kirchturms erhielt zunächst wegen der Glocken ein Notdach, ein relativ flaches Zeltdach, das mit einem schlichten Eisenkreuz bekrönt wurde. Dieses Kreuz wurde in Ehren gehalten und erinnert jetzt außen am Ostchor der Kirche an die schlimmen Zeiten und den frühen Aufbauwillen.

Am 3. Januar 1948 kehrte die »Grille« vom Hamburger Glockenfriedhof zurück nach Worms und wurde in einem Gottesdienst in der Kirche unter freiem Himmel feierlich empfangen.

---

2 Urkunde Wiederaufbau.

Am Sonntag Judica, dem 27. März 1955, nachdem in jahrelanger Arbeit die Planungen für den Wiederaufbau zum Abschluß gekommen sind, bei deren Inangriffnahme Herr Architekt Dipl. Ing. Brinkmann, Worms, und bei deren endgültiger Durchführung Herr Prof. D. Dr. Bartning, Darmstadt, sich besondere Verdienste erworben haben – die Kirche wird wiederaufgebaut nach den Plänen von Herrn Prof. D. Dr. Bartning – feiern heute das Evangelische Worms und die hiesige Gemeinde in dankbarem Aufblick zu Gott und in getroster Zuversicht auf seine Hilfe die Grundsteinlegung zum Wiederaufbau ihrer Dreifaltigkeitskirche ✠

Lange Jahre der Entbehrung und Heimatlosigkeit sollen damit für die Gemeinde ihr Ende finden, und sie tritt, nachdem ringsum auch die Bürger der Stadt und deren leitende Behörden durch den Wiederaufbau des Rathauses, getreu ihrer Verantwortung vor der großen Vergangenheit unserer Heimat, zum Aufbau des zentralen Marktplatzes geschritten sind, heute in das Gelöbnis jenes Trinitatissonntags von 1947 ein, an dem die aus dem Brandschutt gehobenen Glocken zum ersten Male wieder über Trümmern und Ruinen erklangen ✠

Zehn Jahre zäher Aufbauarbeit sind seit der Zerstörung von Worms vergangen, in denen allenthalben der Schutt beseitigt, Häuser wieder errichtet, Schulen und Werkstätten wieder erbaut und alle Schwesterkirchen in unserer Stadt dem Zerfall entrissen, ja um neue vermehrt worden sind ✠ Nun soll als Krönung die Mutter- und Hauptkirche des Evangelischen Worms, die Gedächtniskirche der lutherischen Reformation, wieder erstehen, ein Herz- und Strahlungspunkt nicht nur für Stadt und Landschaft, sondern auch für die Evangelische Christenheit der Welt ✠

Die Evangelische Gemeinde in Worms übernimmt diese Aufgabe unter dem Wort Gottes, wie es in dem Propheten Haggai, Kap. 2 Vers 4 und Kap. 1 Vers 2-4 aufgezeichnet ist:

Und nun, Serubabel, sei getrost!
spricht der Herr; sei getrost,
Josua, du Sohn Jozadaks, du Hoherpriester!
sei getrost alles Volk im Lande!
spricht der Herr, und arbeitet!
denn ich bin mit euch, spricht der Herr Zebaoth ✠
Und:
So spricht der Herr Zebaoth:
Dies Volk spricht: Die Zeit ist noch nicht da,
daß man des Herrn Haus baue ✠
Und des Herrn Wort geschah durch den Propheten Haggai:
Aber eure Zeit ist da,
daß ihr in getäfelten Häusern wohnt, –
und dies Haus muß wüst stehen ✠

So stellt sich nun unsere Gemeinde ihrer Verantwortung in der Gewißheit, daß Gott ihr diesen Weg weist und diese Aufgabe gestellt hat ✠
Sie tut es mit der freudigen Zustimmung und tiefgreifenden Hilfe der Evangelischen Kirche in Hessen und Nassau ✠
Sie tut es unter der verständnisvollen Förderung und großzügigen Unterstützung der Landesregierung von Rheinland-Pfalz ✠
Und sie entschließt sich dazu im Vertrauen auf die Opferfreudigkeit der Evangelischen Mitchristen in Stadt und Land, in Deutschland und in der Welt ✠

Dankbarkeit erfüllt sie hierbei gegen diejenigen Herrn und Brüder, die im Bauausschuß der Dreifaltigkeitsgemeinde, der Gesamtgemeinde und auf dem Gemeindeamt seit Jahren die Last der Arbeit und der Verantwortung freudig getragen haben und noch tragen, sowie gegen den kürzlich verstorbenen Herrn Oberinspektor a. D. Philipp Hob, der sich mit der Gestaltung der Decke ein bleibendes Denkmal gesetzt hat ✠

In Ernst und demütiger Freude möge nun am heutigen Tage das große Werk begonnen und in Gottes Hände befohlen sein. Wir vereinigen uns mit unseren Vätern vom Jahre 1709, die unter Führung ihres Stättmeisters Johann Friedrich Seidenbender das große Werk mit dem Gebet begonnen haben:

Herr Jesu, gib du Rat und Tat,
daß diese Arbeit wohl gerat ✠

Worms, am Sonntag Judica, den 27. März 1955

Der Bauausschuß der Ev. Dreifaltigkeitsgemeinde Worms:

Der Vorstand der Stadtsynode, der Bauausschuß und das Gemeindeamt der Ev. Gesamtgemeinde Worms:

Die Kirchengemeindevertretung der Ev. Dreifaltigkeitsgemeinde Worms:

Die anwesenden Vertreter der Evangelischen Kirche in Hessen und Nassau, des Landes Rheinland-Pfalz, der Lutherstadt Worms und der mit dem Aufbau beauftragten Architektengemeinschaft:

Wiederaufbaubeschluss nach Bartnings Plänen im Dezember 1954, Baubeginn 1955 und Einweihung 1959

Der Wunsch der evangelischen Wormser Bürger nach dem Wiederaufbau »ihrer« Dreifaltigkeitskirche war groß. Viele trauerten ihrer alten Kirche nach und wollten sie so sehen, wie sie ursprünglich war. Für andere war eine moderne Kirche, die die Zeit des Neubeginns widerspiegelte, ein Muss. Anlässlich des Baus der Lukaskirche, wohl 1950, weilte Prof. Dr. Otto Bartning in Worms. Diese Chance wurde genutzt, um ihm die Ruine der Dreifaltigkeitskirche zu zeigen und ihn um seinen Rat zu bitten. Jetzt wurden die Weichen gestellt für den Wiederaufbau. Otto Bartning war vom Geist des Bauhauses geprägt. Als ein bereits renommierter Architekt evangelischer Kirchen im 20. Jh. war er bereits vor dem Zweiten Weltkrieg als Vertreter des zeitgenössischen Kirchenbaus in Erscheinung getreten. Er soll zur Situation in Worms eine klare Aussage gemacht haben: »*Der barocke Stil ist ein baulicher Ausdruck der heiteren Lebensauffassung der Barockzeit, und ich bin nur dann bereit, die Wormser Dreifaltigkeitskirche wieder so aufzubauen, wie sie war, wenn die Wormser Bevölkerung sich wieder so kleiden würde wie damals.*«[3] Ansonsten hätte man auf die Zusammenarbeit mit diesem hervorragenden Architekten verzichten müssen.

Nachdem die Finanzierung gesichert war, wurde im Dezember 1954 vom Kirchenvorstand der Dreifaltigkeitsgemeinde und vom Gesamtkirchenvorstand der Evangelischen Gesamtgemeinde Worms der Wiederaufbau nach Bartnings Plänen beschlossen. Vorsitzender des Arbeitsausschusses für den Wiederaufbau der Dreifaltigkeitskirche war Ludwig Cornelius Frhr. von Heyl zu Herrnsheim (1886–1962), Pfarrer der Gemeinde war Heinrich Uhrhan (1910–1999). Zuständig für die finanzielle und organisatorische Abwicklung war Alfred May (1906–1960), Leiter des Gemeindeamtes der Gesamtgemeinde.[4]

In einer Schmuckurkunde vom 27. März 1955, dem Sonntag Judica, wurde der Baubeginn besiegelt. Unterschrieben wurde sie von den damaligen Funktionsträgern und hohen Würdenträgern, u.a. auch von Otto Bartning selbst und dem Kirchenpräsidenten der Evangelischen Kirche in Hessen und Nassau, Martin Niemöller.[5]

Das Äußere der Kirche sollte den Planungen zufolge weitgehend unverändert bleiben. Das Innere sollte nicht nur die Voraussetzungen einer Gemeindepfarrkirche erfüllen, sondern, mit 1.150 Sitzplätzen, auch für große kirchliche Feiern und Veranstaltungen sowie für Konzerte genutzt werden können. Der Auftrag für die Planung und Durchführung des Wiederaufbaus des Kirchenschiffs ging an den Darmstädter Architekten Prof. Dr. Dr. Otto Bartning (1883–1959) und den um eine Generation jüngeren Dipl.-Ing. Otto Dörzbach (1920–1989), die gemeinsam zuerst in Neckarsteinach und dann in Heidelberg ein Architekturbüro betrieben. Der Wiederaufbau der Dreifaltigkeitskirche wurde zu einem ihrer bedeutendsten Projekte: die Gestaltung einer modernen Kirche in barocken Mauern. Die Einweihung durfte Bartning jedoch nicht mehr erleben; er starb wenige Monate zuvor, am 20. Februar 1959, in Darmstadt.

Der große, lichte Raumeindruck der Kirchenruine mit den hohen Fenstern war so überzeugend, dass die Helligkeit des Raumes für die wiederaufgebaute Kirche erhalten und die Fenster nicht, wie im Vorgängerbau, durch Einbauten und Emporen verstellt werden sollten. Deswegen wurden jetzt Orgel und Emporen nur im Westen, an und um den Turm herum, eingefügt. Die Farbakzente für den hellen Raum wurden durch die Fenster und das Luther-Mosaik am Turm gesetzt.

Die einzige wirkliche Veränderung war die Verlegung des Marktportals auf der Nordseite und seines Pendants auf der Südseite um eine Achse nach Osten; also, vom fünfseitigen Chorraum aus gezählt: von der dritten in die zweite Fensterachse. Die Änderung, wie auch die bewusst neu angelegte leichte Abschüssigkeit des Kirchraums, die auch von den hinteren Bankreihen aus einen guten Blick auf den Altarraum ermöglicht, kam dem Ablauf des Gottesdienstes wie auch den Veranstaltungen, besonders den Konzerten, zugute. Tatsächlich nimmt niemand den heutigen Zustand als Veränderung wahr, weil die Raumaufteilung und die ganze Situation so sinnvoll und harmonisch sind. Außerdem ergeben die Wege im Grundriss jetzt eine Kreuzesform.

Als künstlerischer und theologischer Berater für die Ausstattung fungierte Prof. Dr. Ernst Gerstenmaier, Direktor des Theologischen Seminars der Evangelischen Kirche in Hessen und Nassau in Friedberg (Hessen).

Planung und Bauleitung für den Westbau und den Turm wurden 1955 der Wormser Architektengemeinschaft Heinz Conrad Brinkmann und Peter Höbel

---

3 Chronik, Bd. 1.
4 Vgl. Ludwig C. Frhr. v. Heyl, Wormser Evangelischer Aufbauwille heute, in: Denkschrift 1959, S. 27–36. Die Denkschrift enthält Aufsätze zur Geschichte der Kirche sowie zu ihrem Wiederaufbau und zu den ihm zugrunde liegenden Bedarfs-, Nutzungs- sowie theologischen und architektonischen Überlegungen.
5 Urkunde Baubeginn.

Links: Urkunde zum Baubeginn 1955 (Fotos: Norbert Rau)

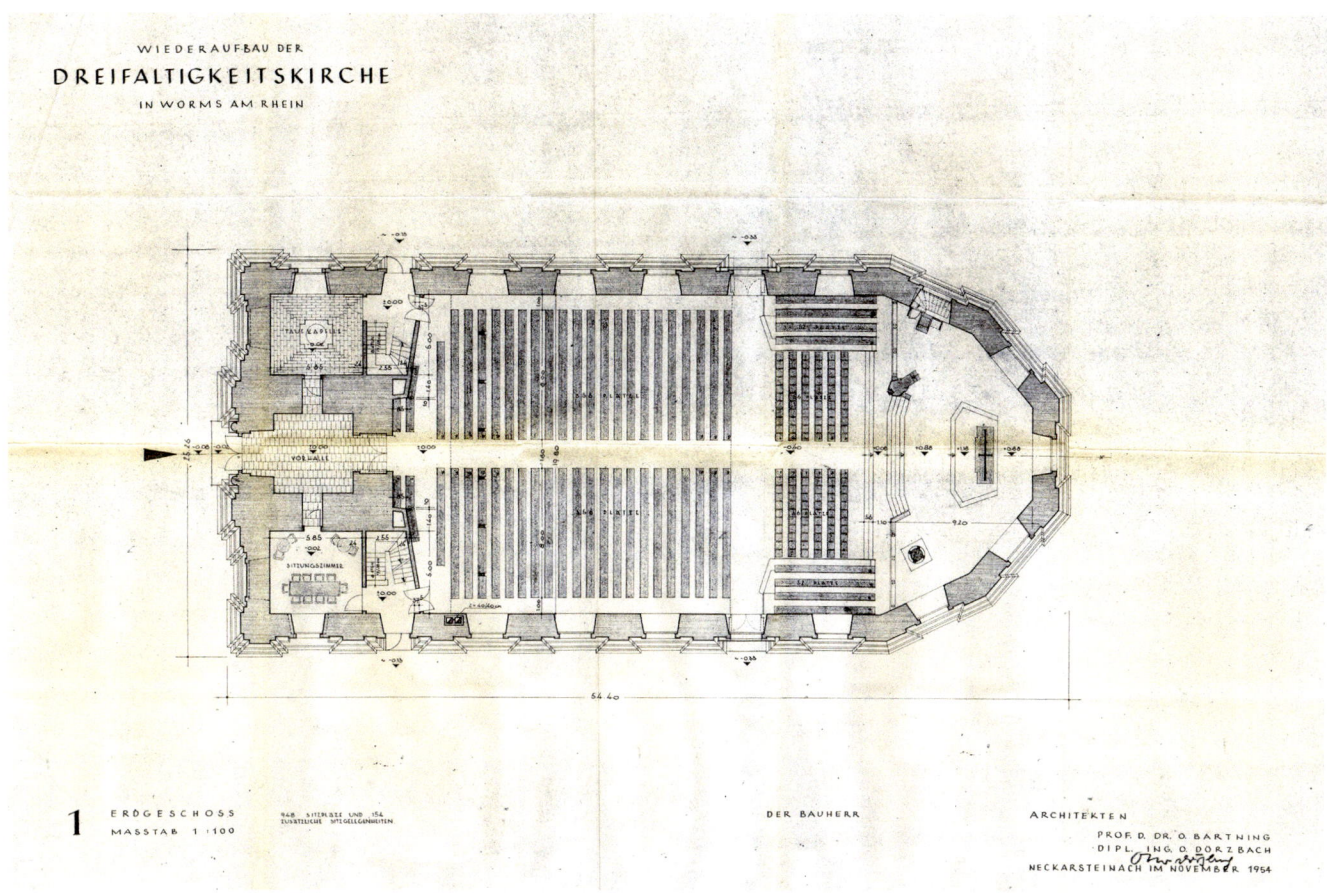

Grundrissplan der Dreifaltigkeitskirche von Otto Bartning (Dreifaltigkeitsgemeinde Worms)

Kirchenbaustelle, Blick nach Westen, kurz vor dem Richtfest 1955 (Aufnahme: Stadtarchiv Worms, F 1569/37)

Innengerüst und Bau der Empore (Aufnahme: Stadtarchiv Worms, F 1626/20)

Blick in den offenen Dachstuhl, Oktober 1955 (Aufnahme: Stadtarchiv Worms, F 1626/18)

Gottesdienst zum Richtfest am 17. Oktober 1955 (Aufnahme: Stadtarchiv Worms, F 1626/42)

Rechts: Dachstuhl, März 1956
(Aufnahme: Stadtarchiv Worms, M 9159a)

Kircheninneres mit Gerüst im Dezember 1956 (Aufnahme: Stadtarchiv Worms, M 9503 b)

übertragen, die sich bereits bei der Wiederherstellung des Dreifaltigkeitshauses bewährt hatte. Brinkmann war Schüler des Architekten Prof. Schmitthenner, Tübingen, und war auch im Bereich des Kirchenbaus geschult.

Erste Pläne für einen völlig anders gearteten Wiederaufbau mit Säulen im Kirchenschiff, so geplant wegen der Statik – was sich dann als unnötig herausstellte –, hatte zuvor die Stadtverwaltung Worms mit Plänen von Baurat Walter Köhler geliefert.[6] Brinkmann beziehungsweise Schmitthenner bearbeiteten bereits diese Wiederaufbaupläne, bevor Bartning in das Projekt eingestiegen war. Auch war der Wormser Architekt Philipp Hotz, zugleich Mitglied des Kirchenvorstands, bei den ersten Planungen dabei.[7] Auf ihn gehen die Grundideen für die Gestaltung der Decke zurück. Er lehnte eine Putzdecke kategorisch ab und bestand auf einer Holzdecke, wie ursprünglich vorhanden; und in dieser Form wurde sie letztendlich auch ausgeführt. Sie ließ für die Gestaltung viele Möglichkeiten offen, beispielsweise auch für eine spätere Bemalung, wie Bartning feststellte.[8] Die beiden westlichen Achsen der Kirche mit dem Turm erfuhren durch Brinkmann und Höbel im Inneren eine Neuordnung und nahmen im Erdgeschoss neben den Aufgängen zu den drei völlig neu gestalteten Westemporen den Andachtsraum auf der Nordseite auf, in den das unversehrte Gefallenendenkmal von 1934 versetzt wurde. Mittig unter dem Turm war der vorab bestimmte Ort für den Eingangsbereich und auf der Südseite wurde ein Versammlungsraum geschaffen – das »Reformationszimmer«.

---

6 Vgl. Denkschrift 1959, S. 30f.
7 Hotz hat auch die Wormser Lukaskirche von Bartning um einen Kirchturm bereichert (vgl. hier Anm. 1).

8 Vgl. Chronik, Bd. 2; Denkschrift 1959, S. 31.

Einweihung der Dreifaltigkeitskirche am 30. Oktober 1959, Bekenntnisfeier auf dem Schlossplatz im Anschluss an den Festgottesdienst (Aufnahme: Stadtarchiv Worms, F 2287/11)

Medaille zur Einweihung der Dreifaltigkeitskirche (Aufnahme: Stadtarchiv Worms, M 0541a/b)

Der Baubeginn wurde am 27. März 1955 im Rahmen einer gottesdienstlichen Feier begangen. Es wurde offenbar mit Hochdruck gearbeitet, denn schon am 17. Oktober 1955 konnte das Richtfest gefeiert werden.[9]

Während der Baumaßnahmen am Turm wurden die drei Glocken noch einmal abgenommen und in der Glockengießerei Rincker in Sinn überarbeitet. Beschlossene Sache war bereits eine vierte Glocke, als »Reformationsglocke« gestiftet von der Stadt Worms, sowie ein Glockenspiel in der Laterne des Kirchturms. Ursprünglich war geplant, die Laterne exakt wieder so aufzubauen, wie sie früher war. Aber der Einbau eines Glockenspiels erforderte eine bauliche Änderung: Über dem achteckigen Turmaufsatz mit erneuerter Turmuhr[10] musste die neue Laterne etwas größer werden als die barocke.

Am 29. September 1956 wurden die vier Glocken unter großer Anteilnahme der Bevölkerung eingeholt. Wenige Tage später folgte das Glockenspiel, und am 11. November wurde die Turm- und Glockenweihe feierlich begangen. Seither erklingt das vollständige Geläut.[11]

Die feierliche Wiedereinweihung des Gotteshauses erfolgte am 30. Oktober 1959, am Vortag des Reformationstags. Die Festpredigt hielt Kirchenpräsident Dr. Martin Niemöller, der bereits zum Baubeginn 1955 vor dem zerstörten barocken Altar gestanden hatte. Über mehrere Tage folgten weitere Festveranstaltungen. Zur Erinne-

9   Vgl. Denkschrift 1959, S. 79f.: beteiligte Firmen und Künstler.
10 Vgl. Denkschrift 1959, S. 79, Fa. E. Korfhage & Söhne, Buer bei Osnabrück.
11 Chronik, Bd. 2; Vgl. Fey, Glockenspiel.

rung an die Einweihung wurde auch eigens eine Medaille geprägt. Gegenüber der noch heute üblichen Benennung als »Dreifaltigkeitskirche« oder einfach »Marktkirche« wurde damals offiziell die feierliche Bezeichnung als »Reformations-Gedächtnis-Kirche zur heiligen Dreifaltigkeit« gewählt, die aber wegen ihrer Länge nur selten benutzt wird.

Zahlreiche Institutionen weltweit, Städte und Bundesländer waren dem Projekt des Wiederaufbaus der Dreifaltigkeitskirche, die an das Reformationsgeschehen von 1521 erinnert, wohlgesonnen und unterstützten es durch finanzielle Zuwendungen. Aber besonders zu betonen ist der unermüdliche Einsatz und die Spendenfreudigkeit der Wormser Bevölkerung.[12]

Der Außenbau

Das stadtbildprägende Aussehen der Kirche wurde beim Wiederaufbau nicht nennenswert verändert und entspricht dem barocken Zustand von 1725.

Doch die Umgebung, die durch den Krieg völlig zerstört war, hat im Zuge des Wiederaufbaus der Innenstadt einen starken Wandel erfahren. Die repräsentativen Geschäftshäuser und das direkt benachbarte Cornelianum, das Repräsentationsgebäude der Stadt, lagen in Trümmern. Eine Wiederherstellung der ruinösen Gebäudereste wurde in den Nachkriegsjahren nicht thematisiert, denn diese Gebäude waren vorwiegend im baulichen Stil der Gründerzeit und des Darmstädter Jugendstils errichtet – Stilformen, die in der Nachkriegszeit nicht mehr geschätzt wurden.

Der Marktplatz auf der Nordseite der Kirche hat sich den Trends und Bedürfnissen der Zeit immer wieder angepasst. Die Markttage sind bis in die Gegenwart obligatorisch. Aber auch für Veranstaltungen ist der Platz geeignet. Hier standen mal mehr, mal weniger Bäume. Über viele Jahre diente der Marktplatz auch als Parkplatz. Der einfache Kiosk an der Straßenecke ist im Laufe der Jahrzehnte mehrfach »gewachsen«; zurzeit kann man hier ein Eis genießen.

An der Ostseite des Platzes stand einst die städtische Lateinschule, in die später das städtische Bauamt eingezogen war. Heute steht hier der neue Teil des Wormser Rathauses, nach den Entwürfen des Stuttgarter Architekten Rudolf Lempp erbaut in den Jahren 1956–1958, also nahezu gleichzeitig mit der Dreifaltigkeitskirche. Hinter dem Ostchor der Kirche sind noch einige Teile des alten Rathauses erhalten, die nach Plänen von Theodor Fischer, München, 1908–1910 in Formen des Jugendstils mit Reminiszenzen an die Neuromanik entstanden sind.

Auf der Südseite der Kirche stand das Cornelianum, bis 1910 ebenfalls von Theodor Fischer gebaut. Nachdem seine Trümmer beseitigt waren, wurden bis 1963 hier die städtischen Kulturinstitute unter der Federführung des Stadtbaurats Gernot Heyl errichtet – nun »Haus zur Münze« genannt, wegen der spätmittelalterlichen Wormser »Münze«, die sich von hier bis zum heutigen Marktplatz erstreckte[13]. Hier ist heute die Stadtbibliothek untergebracht.

Zu keiner Zeit hat es einen freien Blick auf die Süd- und Ostseite der Kirche gegeben; ein solcher war auch niemals geplant gewesen. Die Fassaden sind klar in barocken Formen gegliedert, aber sie entbehren jeglichen zusätzlichen Bauschmucks.

Westlich der Kirche, auf der gegenüberliegenden Straßenseite, standen repräsentative Geschäftshäuser aus der Zeit um 1900, die nach Kriegsende durch Gebäude in den schlichten Formen der Zeit der Nachkriegsjahre ersetzt wurden. Und in die letzte Baulücke, die für gut 25 Jahre den Blick auf den Dom freigab, wurde zu Beginn der 1970er Jahre ein Bankgebäude eingefügt.

Es ist ein Glücksfall für die Dreifaltigkeitskirche, dass die barocken Türflügel des Hauptportals mit ihren kunstvoll geschnitzten Reliefs nur geringfügig beschädigt wurden und wieder eingebaut werden konnten. Möglicherweise stammen sie, wie die Apostelgalerie, vom Bildhauer Hader.[14] Dasselbe gilt für das unversehrte schmiedeeiserne Gitter über den Türflügeln. Das Wormser Stadtwappen weist die Kirche als damals städtisches Bauwerk aus und die Jahreszahl 1725 erinnert an das Jahr der Einweihung. Aus dem verspielten Rankenwerk des Gitters wachsen zwei Trompete spielende Figürchen heraus, und in anderen Ranken verstecken sich Maskenköpfe.

Die zwölf Reliefs der Apostelgalerie, Werke des Bildhauers Johann Hader, nahmen zwar Schaden, waren aber reparabel.[15] Die Kunstwerke des Außenbaus mit christlicher Symbolik – Dreieinigkeit und Zeugen des Lebens Jesu – blieben somit erhalten.

---

12 Vgl. Denkschrift 1959, S. 68 ff.
13 Der 1689 zerstörte Komplex des Bürgerhofes, auch »Stadt- oder Amtshaus« oder »Münze« genannt, erstreckte sich etwa von der Nordseite der Dreifaltigkeitskirche bis zur Straßenmitte der Hagenstraße.
14 Vgl. Reuter, Kapitel 6 und 14.
15 Vgl. dazu Beitrag Reuter, Kapitel 15, und der nachfolgende Absatz zur »Kirchensanierung«.

Blick auf die Dreifaltigkeitskirche und ihre Umgebung (Foto: Norbert Rau)

Unter den beiden äußeren Fenstern der Westfassade wurden beim Wiederaufbau zwei Bronzeplatten montiert, deren Texte vom Wormser Pfarrer und Kunsthistoriker Dr. Walter Hotz ausgewählt wurden bzw. von ihm stammen und auf die Bedeutung der Kirche in Verbindung mit der Reformation verweisen. Links, auf der Seite Richtung Norden, sind die Worte aus der Rede Luthers geschrieben, die er bei seiner Verhandlung in Worms am 18. April 1521 vor Kaiser Karl V. gehalten hat. Auf der rechten Seite, gegen Süden, ist die Geschichte der Dreifaltigkeitskirche dargestellt.

Dreifaltigkeitskirche Worms, Turmfassade mit Marktplatz (Foto: Norbert Rau)

Die Bronzetüren

Auf der Nordseite der Kirche, vom Marktplatz aus, führen drei Türen in das Innere. Sämtliche Türflügel mussten wegen der Kriegseinwirkungen erneuert werden. Sie alle wurden von Ulrich Henn (1925–2014), damals Kemnat bei Stuttgart, aus Bronze geschaffen.[16] Von ihm stammt auch das Altarkreuz.

Die erste Tür, nach Westen hin, führt zur Orgelempore im Westbau. Im unteren Bereich der Tür ist in einem Relief das brennende Worms 1945 als das untergehende Sodom dargestellt. Darüber ist die Geschichte von Lot und seiner Familie zu sehen. Die eine Figurengruppe bildet Lot mit seinen beiden Töchtern auf der Flucht, während als Einzelfigur seine Frau, die hinter dieser Gruppe zurückbleibt, zur Salzsäule erstarrt ist, weil sie unerlaubterweise ihren Blick zu der brennenden Stadt zurückgewendet hat. Vom Künstler wurde die Figur von »Lots Weib« (so die Luther-Übersetzung) als Türgriff umgesetzt. Mit der Zerstörung von Sodom bestrafte Gott, der biblischen Überlieferung nach, die dort lebenden Menschen – und so wurden andere Stadtzerstörungen wie die von Worms 1689 und dann 1945 als Gericht Gottes gedeutet.[17] Über den beiden Szenen erscheint Abraham, kniend, als Fürbitter für die Stadt.

Das nächste Portal, das vom Marktplatz aus in das Kirchenschiff führt, war das Schulportal. Im 18. und noch im frühen 19. Jahrhundert befand sich anstelle des Marktplatzes der Schulhof der lutherischen Lateinschule. Das zweiflügelige Portal hat eine qualitätsvolle barocke Rahmung. Es ist von zwei Säulen flankiert, und auf einem Gebälkstück darüber stehen zwei Vasen. Die beiden Zwickel des Rundbogenfelds werden von Engeln ausgefüllt; im Bogenfeld selbst ist ein schmiedeeisernes Gitter eingebaut. Auf der linken Türhälfte ist das Gleichnis von den Arbeitern im Weinberg (Mt 20,1–16) dargestellt. Der Herr des Weinbergs weist auf zwei Personen, die Arbeit suchen. Darüber folgen Szenen mit verschiedenen Tätigkeiten im Weinberg. In der Mitte des oberen Feldes der Tür zahlt der Hausherr den Lohn aus. Die Personen links im Bild sind unzufrieden mit ihrem Lohn, rechts sind die zufriedenen. Auf dem rechten Türflügel wird oben die Geschichte vom verlorenen Sohn erzählt (Lk 15,20–32). In der Mitte nimmt der Vater den heimgekehrten Sohn in die Arme. Links stehen die Knechte, die ihm ein neues Gewand bringen. Rechts ist der unzufriedene Bruder, der immer beim Vater geblieben war, dargestellt. Darunter, in der Mitte des Türflügels, steht der

Tür zur Orgelempore (Foto: Norbert Rau)

Sakristeitür, mit dem Motiv des Jonas (Foto: Norbert Rau)

---

16 Vgl. Denkschrift 1959, S. 59–64.

17 Urkunde Wiederaufbau.

98 Marktportal, Ausschnitte aus der Bronzetür (Fotos: Norbert Rau)

Schmerzensmann, Christus, der seine Wundmale zeigt. Er ist umgeben von den Werken der Barmherzigkeit (Mt 25,35–40). Die ganze Komposition ist eine Darstellung der Liebe Gottes: Gott ruft die Menschen und nimmt sie mit ihren Fehlern an.

Die unscheinbare Sakristeitür am Chor hat als einzigen Schmuck einen Türgriff in Form eines Walfischs, der den Propheten Jona wieder ausspeit (Buch Jona, 2. Kapitel). Der wellenförmige Hintergrund bereitet diese Szene vor, aus der vollplastisch der Walfisch herauswächst. Diese alttestamentliche Szene ist ein Hinweis auf die Auferstehung Christi, die zum zentralen Thema des Neuen Testaments wird.

Die Bronzeplatte und das Kreuz am Chorraum außen

Am Chor erinnert eine Bronzeplatte an die Geschichte des Ortes. Dargestellt sind die »Münze« und der Bürgerhof sowie die Medaille zur Grundsteinlegung 1709. Direkt am Chorhaupt ist das einfache Metallkreuz angebracht, das vor und während des Wiederaufbaus den Kirchturm zierte und bleibend an diese schwierige Zeit erinnert.

Kreuz am Chorschluss, in den Nachkriegsjahren schmückte es das Notdach des Kirchturms (Foto: Norbert Rau)

Bronzeplatte zur Erinnerung an die Baugeschichte (Foto: Norbert Rau)

Dr. Irene Spille

Die Reformationsglocke von 1956, genannt »Löwe« (Foto: Norbert Rau)

Glockenspiel (Foto: Norbert Rau)

Die Glocken und das Glockenspiel

Die Glocken von 1739,[18] der »Bär« (cis) und die »Nachtigall« (e), konnten 1945 aus dem Schutt gerettet werden. Die 1825 umgegossene »Grille« (fis) wurde 1948 vom Hamburger Glockenfriedhof zurückgeholt. Damit war das alte Geläut wieder vereint. Ergänzend stiftete die Stadt Worms als ehemalige Bauherrin der barocken Dreifaltigkeitskirche 1956 die große »Reformationsglocke« zum Gedächtnis an den Lutherreichstag 1521, an den diese Kirche erinnert, und die wegen ihrer Inschrift als »Friedensglocke« bezeichnet wird. Weil alle anderen Glocken einen Tiernamen haben, wurde sie, auch wegen ihres kräftigen »Gebrülls« (Amos 3,8a), »Löwe« genannt. Sie ist auf den Ton »a« gestimmt und war zu diesem Zeitpunkt die einzige Bass-Glocke im Geläut der Wormser Kirchen. Alle Glocken der Dreifaltigkeitskirche sind mit den Geläuten der nahegelegenen Magnuskirche und der Friedrichskirche abgestimmt. Auch nach der Aufstockung des Domgeläuts zum 1.000-jährigen Dom-Jubiläum im Jahr 2018 ist und bleibt der »Löwe« die größte Glocke im ganzen Stadtgebiet.

Eine zusätzliche Bereicherung ist das Glockenspiel von 1956 in der unteren Laterne des Turms mit 23 Glocken, mit den Tönen a', h', cis'' bis a''' in chromatischer Folge. Das Glockenspiel erklingt seit der Vorweihnachtszeit 1956 mehrmals täglich. Die Laterne über dem achteckigen Turmaufsatz, in dem sich die Turmuhr befindet, musste deswegen vergrößert werden. Die erforderliche Vergrößerung der Laterne wurde von Brinkmann und Höbel hervorragend gelöst. Die Proportionen sind so stimmig, dass die Änderung nicht auffällt. Die Glocken von 1956 wurden allesamt in der Glockengießerei der Gebrüder Rincker in Sinn gegossen.[19]

---

18 Vgl. Reuter, Kapitel 19.

19 Vgl. Chronik, Bd. 2; Denkschrift 1959, S. 65.

Lutherkopf des Wormser Künstlers Adam Antes (Foto: Norbert Rau)

Gefallenendenkmal von Habich (Foto: Norbert Rau)

Der moderne Kirchenraum

Der Eingangsbereich

Das Westportal unter dem Turm mit seinen prächtigen geschnitzten barocken Türflügeln lädt als Hauptportal zum Betreten der Kirche ein.

Der Vorraum unter dem Turm ist recht schlicht gehalten. Der einzige Raumschmuck ist die von dem Wormser Künstler Adam Antes (1891–1984) aus Stein geschaffene Luther-Büste, ein Bildnis des gealterten Luther. Als junger Künstler war Antes Mitglied der Darmstädter Sezession, eines Zusammenschlusses der Darmstädter Jugendstilkünstler, deren Werk auf der Darmstädter Mathildenhöhe inzwischen als UNESCO-Weltkulturerbe anerkannt wurde. In der Nachkriegszeit hat er mehrere Kunstwerke in Worms hinterlassen, so auch an dem benachbarten Rathaus-Neubau.

Der Andachtsraum

An die Nordseite des Kirchenvorraums ist ein Andachtsraum mit rundbogigem Eingang angeschlossen, in dem das aus den Trümmern der Kirche geborgene altarartige Mahnmal zur Erinnerung an die im Ersten Weltkrieg gefallenen Menschen aus der Gemeinde steht. 1934 wurde es von Ludwig Habich (1872–1949) geschaffen. Auch er zählte zu den Darmstädter Jugendstilkünstlern. Auf frühen Nachkriegsfotos kann man es in der zerstörten Kirche in einer Wandnische neben der Kanzel, dem zugesetzten Südportal, erkennen. Durch seinen Standort war es bei der Zerstörung der Kirche geschützt. Schon 1946 machte sich der damals noch lebende Stifter, D. Dr. iur. Cornelius Wilhelm Karl Freiherr von Heyl zu Herrnsheim, Sorgen wegen möglichem Vandalismus in der Kirchenruine. Es ist zu vermuten, dass der hauptsächliche Grund die Angst vor dem Diebstahl von wertvollem Metall war. Deswegen wurde das Kunstwerk im Museum zwischengelagert. Bei der Wiederaufstellung wurden für den Unterbau die Reste des barocken Altars von Georgioli von 1727 wieder verwendet.[20] Es wurde eine schlichte altarartige Konstruktion aus rotem Marmor geschaffen, mit einem in die Fläche eingefügten Kreuz aus schwarzem Marmor. In der Planung von Bartning wurde dieser Raum als Taufkapelle ausgewiesen, aber noch während der Bauzeit verlegte man den Taufort in den Altarraum, als Gegenstück zur Kanzel. Um die Jahrtausendwende gab es Stimmen, die das Denkmal am liebsten entfernt hätten und es als Nazikunst und Kriegsverherrlichung beschimpften. Tatsächlich handelt es sich um den damals,

---

20 Vgl. Reuter, Kapitel 20.

Wandteppiche der Reformationsstädte, von Johanna Schütz-Wolff: Eisleben, Erfurt, Wittenberg, Worms, Eisenach, Augsburg, Münster und Osnabrück (Fotos: Norbert Rau)

1934, aus dem Jugendstil weiterentwickelten, international üblichen Stil zwischen Expressionismus und Neuer Sachlichkeit, der jedoch in den Folgejahren in totalitären Staaten monumental ausuferte; und so wurde die Neue Sachlichkeit in Verruf gebracht. Beim genauen Betrachten wird sofort klar, dass es sich hier nicht um Kriegsverherrlichung handelt, sondern vielmehr um das Thema »Auferstehung«. Christus am Kreuz hat seine Hände gelöst und beugt sich mit seinem Oberkörper zu den beiden Menschen zu seinen Füßen. Sie strecken ihre Arme zu ihm aus, und der Erlöser zeigt mit seinen offenen Händen, dass er sie aufnehmen wird. Der Mann zur Rechten von Christus liegt auf dem Boden, mit aufgerichtetem Oberkörper und trägt seine Uniform mit Helm. Der Mann zur Linken kniet auf dem Boden, mit freiem Oberkörper, und seine Stiefel lassen erkennen, dass auch er ein Soldat war. Alle Opfer kriegerischer Gewalt werden von Christus aufgenommen, nach den Worten des Apostolischen Glaubensbekenntnisses »Auferstehung der Toten und ein ewiges Leben«. Der Andachtsraum ist im Laufe der Jahre zu einer Abstellkammer verkommen. Er sollte zu einem »Raum der Stille« werden, so die Ideen um 2011/12, doch die gestalterischen Vorschläge konnten nicht überzeugen, weil das Werk von Habich eher als Störfaktor empfunden wurde. Außerdem stellte man rechtzeitig fest, dass durch die Touristengruppen keine Stille möglich war. So wurde er zum Ausstellungsraum, mit Habichs Denkmal »Auferstehung« als Mittelpunkt, und aussagekräftige Tafeln von einer Wormser Lutherausstellung 2017 vermitteln einen informativen Einblick in die Reformationsgeschichte.

Das Reformationszimmer

Auf der gegenüberliegenden Seite, der Südseite, führt als Pendant eine rundbogige Tür in das Reformationszimmer, das die Funktion eines Sitzungszimmers hat. Die Wände sind mit gewebten Wandteppichen aus den späten 1950er Jahren geschmückt. Die Teppiche wurden nach Entwürfen der Künstlerin Johanna Schütz-Wolff (1896–1965), Säcking bei Starnberg, aus grober Wolle gefertigt. Eingewebt in diese 14 farbigen Teppiche sind in Majuskelschrift die Namen der nachstehenden Städte, die für die Reformations- und Religionsgeschichte bis 1648 eine wichtige Rolle gespielt haben, und ihre Wappen. In Kurzform werden die kirchengeschichtlichen Ereignisse, die sich mit diesen Städten verbinden, genannt:

Der moderne Innenraum mit Blick auf den Altar (Foto: Norbert Rau; Buntglasfenster Wilhelm Buschulte © VG Bild-Kunst, Bonn 2025)

EISLEBEN 1483–1556	*Martin Luther*
MANSFELD 1484–1497	*Luthers Kindheit*
ERFURT 1505	*Eintritt in das Kloster*
WITTENBERG 31.10.1521	*Thesenanschlag*
LEIPZIG 1519	*Disputation*
WORMS 1521	*Reichstag / Reichsacht*
EISENACH 1521/22	*Wartburg / Bibelübersetzung*
SPEYER 1526/29	*Reichstage / Protestation*
MARBURG 1529	*Martin Luther / Ulrich Zwingli*
SCHMALKALDEN 1530/37	*Bund u. Artikel*
AUGSBURG 1530/1555	*Confessio Augustana / Religionsfrieden*
NÜRNBERG 1532	*Nürnberger Burgfrieden*
MAGDEBURG 1631	*Zerstörung der Stadt*
MÜNSTER/OSNABRÜCK 1648	*Westfälischer Friede*

Der Kirchenraum, allgemein

Geradeaus, Richtung Osten, schließt sich der lichte Kirchenraum an. Das moderne Kirchenschiff hat keine Ähnlichkeiten mehr mit der barocken Dreifaltigkeitskirche. Durch die hohen Fenster war eine Wiederaufnahme des Deckengewölbes architektonisch vorgegeben. Der Innenraum der Kirche wurde nach aktuellen Bedarfsüberlegungen, dabei war der Gedanke als Konzertkirche tragend, und den sich aus dem Ablauf des Gemeindegottesdienstes ergebenden Gesichtspunkten völlig umgestaltet. Vielen Wormsern ist die Umgewöhnung von dem relativ dunklen und üppig dekorierten, kleinteiligen Kirchenraum zu dem modernen und sachlichen Gottesdienstsaal, gleichzeitig Konzert- und Festsaal, sehr schwergefallen. Den Architekten ist es jedoch gelungen, in die barocken Außenmauern eine moderne Kirche der 1950er Jahre harmonisch einzugliedern. Es ist eine Saalkirche, 41 m lang, 20 m breit und 17 m hoch. Betonstützen tragen die drei Emporengeschosse im Westen, in die die Orgel eingegliedert ist. So entstanden zusätzliche Plätze für Gottesdienstbesucher bei Festgottesdiensten und gut besuchten Konzerten, aber auch Raum für einen großen Chor und Orchester. Im Schiff und auf den Emporen gibt es insgesamt 1.150 Sitzplätze. Das Kirchenschiff wird in voller Breite von einer hölzernen Decke überspannt,

die die fünf Fensterachsen im Langhaus als fünfjochiges Kreuzrippengewölbe betont, ähnlich wie in der Barockzeit die üppig bemalte Decke. Das Holz wirkt natürlich und ist nur leicht grau lasiert, aber die Grate sind fein farbig konturiert. Diese Konstruktion wie auch die Wandgestaltung begünstigen die Raumakustik, und damit ist die Dreifaltigkeitskirche hervorragend für Konzerte geeignet.

Die Fenster und das Glaubensbekenntnis an den Wänden

Der Kirchenraum der Dreifaltigkeitskirche wird in Wort und Bild bestimmt und geschmückt durch das Apostolische Glaubensbekenntnis und die Inhalte der Heiligen Schrift. Die 15 Fenster wurden von Wilhelm Buschulte (1923–2013), Unna, gestaltet und von der Kunstwerkstätte Dr. Oidtmann, Linnich, ausgeführt. Auf den dazwischenliegenden Wandflächen steht der Wortlaut des Apostolischen Glaubensbekenntnisses (in der bis zum Jahr 1972 gültigen Version) geschrieben, und jedem Artikel folgt die Auslegung aus dem Kleinen Katechismus Martin Luthers. Die an den Wänden montierten ornamentalen Buchstaben aus Keramik überziehen die Wandflächen wie monochrome Wandteppiche.[21] Sie sind durch einen Farbanstrich an die Farbe des Kirchenraums angepasst und wirken durch ihren Schattenwurf. Die Wandgestaltung durch Buchstaben – Majuskeln in der Manier der römischen Capitalis – wurde, wie auch die Wandteppiche im Reformationszimmer, von Johanna Schütz-Wolff entworfen.[22]

Unter der Empore

An der Westwand des Kirchenschiffs, nördlich neben dem Eingang unter der Empore, ist das einzige und nicht mehr ganz vollständig erhaltene Epitaph der früher an der Südwand in der Kirche aufgestellten barocken Denkmäler erhalten. Man erkennt unschwer, dass es sich um ein äußerst qualitätsvolles Werk gehandelt hat. Es ist das Epitaph für den Stättmeister Johannes Geyer (1674–

Epitaph für Stättmeister Geyer (Foto: Norbert Rau)

1756), der durch seine Position gemeinsam mit anderen Ratsmitgliedern eine wesentliche Rolle beim Bau dieser Kirche gespielt hat. Geyer wurde auf dem ehemaligen lutherischen Friedhof im Bereich der Remeyerhofstraße im Norden der Stadt beerdigt, doch in der Magnuskirche wurde, wie auch für andere prominente Wormser, ein sehr aufwendiges und reich geschmücktes, mehrteiliges Epitaph aufgestellt. 1925, zum 200-jährigen Kirchenjubiläum, sollte die Südwand der Dreifaltigkeitskirche zusätzlichen Schmuck erhalten, und so wurde es nebst sieben weiteren Epitaphen hierher verbracht.[23] Geyers Name und der von anderen, für den Bau der Kirche maß-

---

21 In den Schriften der Einweihungszeit 1959 (Denkschrift 1959; Uhrhan, Dreifaltigkeitskirche; Chronik) kann man überall das Wort »Majolikaschrift« lesen. Das ist grundsätzlich falsch. Majolika ist eine bestimmte Keramik- bzw. Glasurtechnik. Bei der letzten Restaurierung wurden einige Buchstaben für restauratorische Untersuchungen freigelegt. Es handelt sich um rötliche Keramik, die ganz einfach nur mit Farbe überstrichen wurde, also *nicht* um »Majolika«. Wahrscheinlich wurde der Begriff Majuskel mit Majolika verwechselt, und dieser Fehler wurde seitdem konsequent immer wieder abgeschrieben und übernommen.

22 Die ausführlichen Erklärungen zu den Glaskunstfenstern siehe im nachstehenden Beitrag Fey.

23 Vgl. Reuter, Kapitel 20.

geblichen Persönlichkeiten sind auf Gedenkplatten auf dem ersten Treppenabsatz vor dem Altar festgehalten. Das Denkmal für Geyer wurde folgendermaßen beschrieben: *Epitaph des alten Stättmeisters Geyer mit Familie von 1756 und 1757. Das Epitaph von buntem Sandstein besteht aus einzelnen getrennten, in die Wand eingelassenen Tafeln, welche mit üppigem, keinesfalls ungraziösem Rokokoornament umrahmt sind. Auf der Haupttafel, auf welcher die Grabschrift in Kapitälbuchstaben steht, sind oben ein das Wappen (drei Sterne im Bild, ein Stern zwischen Büffelhörnern als Helmzier) haltender Engel, mit den Emblemen der Sanduhr und zweier Schädel. Diese Haupttafel ruht auf einem geschweiften Sockel, über dem ein Engel und ein Doppelkopf, der das Antlitz eines bärtigen Mannes und eines schönen Weibes trägt, angebracht ist. Auf der Fläche des Sockels ein Kind im Relief, das aus einem Schüsselchen Seifenblasen bildet. Über dem ganzen in der Höhe ein Baldachin.*[24] Wie das Gefallenen-Mahnmal von Habich stand es in einer Wandnische und hat durch diesen Schutz die Zerstörung der Stadt 1945 überstanden.

Nördlich anschießend unter der Empore erinnern drei Gedenktafeln an die maßgeblichen Personen für den Wiederaufbau der Kirche: Ludwig C. Freiherr von Heyl, den Vorsitzenden des Ausschusses für den Wiederaufbau der Kirche, Gemeindepfarrer Heinrich Uhrhan und Alfred May, den zuständigen Leiter des Gemeindeamtes der Gesamtgemeinde Worms. Die Tafeln für Heyl und May wurden ursprünglich im November 1963 im Andachtsraum angebracht, um der beiden zwischenzeitlich verstorbenen Menschen, die sich unermüdlich für den Wiederaufbau aufgeopfert haben, zu gedenken.

Der Chorraum mit Kanzel, Taufstein und Altar

Durch den Mittelgang führt der Weg zum fünfseitigen Chorraum, der auf drei Ebenen angelegt ist. Auf gesamter Kirchenbreite führen drei Stufen zur Brüstung des eigentlichen Altarraums. Hier, auf dem ersten Absatz, vor der Brüstung mit Geländer, sind steinerne Gedenktafeln in den Boden eingelassen, auf denen die Namen bedeutender Persönlichkeiten aus der Bauzeit genannt werden, deren Epitaphe in der Kirche standen und, mit Ausnahme des Epitaphs für Geyer, 1945, zerstört wurden. Es handelt sich um (von Norden nach Süden, vor der Kanzel) Maria Charitas Knodt – Elias Christoph Weiß und Anna Charitas Weiß – Franz Johann Knodt, bezeichnet als »Grundsteinleger« und (vor dem Taufstein) Johann Conrad Stock / Johann Ernst Lamprecht – Heinrich Ernst Wilhelm Freiherr von Wrede und Maria Luisa Freifrau von Wrede – Friedrich Freiherr von Kellenbach – Johann Geyer und Anna Maria Geyer.

Eine breite, fünfstufige Mitteltreppe führt weiter in den Altarraum. Die linke Brüstungsecke bildet die amboartige Kanzel, von dem Wormser Künstler Gustav Nonnenmacher (1914–2012) in klaren und sachlichen Formen geschaffen. Auf vier Bronzeplatten sind die Symbole für die vier Evangelisten zu sehen, links beginnend mit Matthäus als Engel, gefolgt von Lukas als Stier. Direkt unter dem Kanzelpult erscheint Markus als Löwe, der emporblickt auf das Trinitätszeichen, das Auge Gottes in einem Dreieck, umgeben von einem Strahlenkranz. Als letzte, übereck gestellte Tafel folgt Johannes als Adler. Die Strahlen des Heiligen Geistes erstrecken sich über die gesamte Kanzel und erreichen alle Evangelisten. Neben dem großen Auge Gottes in dem die Trinität symbolisierenden Dreieck unter dem Verkündigungsort sind über alle Tafeln noch zahlreiche Augen verteilt, als Hinweis auf die Omnipräsenz Gottes zu interpretieren, der allgegenwärtig ist und alles sieht. Die Darstellungen Nonnenmachers zeigen Einflüsse des Expressionismus, verbunden mit der Weiterentwicklung der 1950er Jahre.

Auf der rechten Plattform steht der schlicht gehaltene Taufstein mit einer Taufschale von Jürgen Heid aus Kaiserslautern.

Der mächtige Altar im Chorhaupt steht auf einer im weitesten Sinne trapezförmigen Plattform, zu der zwei weitere Stufen führen. Die Altarmensa ist ganz schlicht und sachlich gehalten. Das Altarkreuz von Ulrich Henn, der auch die drei Bronzetüren auf der Nordseite der Kirche entworfen hat, ist in seiner Einfachheit höchst beeindruckend.[25] Das Kreuz hat nahezu eine T-Form, mit ganz kurzem Kopfbalken, damit es nicht mit dem dahinterliegenden Fenster in Konkurrenz tritt. Diese schlichte Kreuzform entspricht dem Zeitgeist der Nachkriegsjahre, entwickelt aus dem Bauhaus und der Neuen Sachlichkeit. Christus, mit aufrechtem Kopf und nach vorne geneigtem Oberkörper, hat die Augen geschlossen und der ruhige Gesichtsausdruck lässt ihn als den Sieger über den Tod erscheinen. Es ist die Darstellungsweise, die bei den frühen mittelalterlichen Kruzifixen üblich war. Eine weitere Anlehnung an die frühe Romanik sind die nebeneinandergestellten Füße mit jeweils einem Nagel; es handelt sich um ein Viernagelkruzifix.

---

24 Wörner, Kunstdenkmäler Worms, S. 226 f.; Walter, Dreifaltigkeitskirche 1725–1925, S. 64.

25 Das Kreuz wurde der Gemeinde von der Bundesregierung Adenauer zum Wiederaufbau gestiftet.

Der Evangelist Johannes – Adler (Foto: Norbert Rau)

Altarkreuz mit Christus als Sieger über den Tod (Foto: Norbert Rau)

Drei Tafeln der Kanzel mit den Evangelistensymbolen: Matthäus – Engel, Lukas – Stier, Markus – Löwe (Foto: Norbert Rau)

Altar und Kerzenleuchter (Foto: Norbert Rau; Buntglasfenster Wilhelm Buschulte © VG Bild-Kunst, Bonn 2025)

Sechs Kerzenständer flankieren den Altar, jeweils drei zu beiden Seiten. Sie sind übermannshoch, in ganz klaren konstruktiven Formen, jedoch alle in ihren geradlinigen Details unterschiedlich, was den besonderen Reiz dieser Leuchtergruppe ausmacht. Diese anspruchsvollen Werke in zeitgenössischen Formen stammen von dem Künstler Josef Hoh (1933–1990), München-Aubing.

Die Türen innen

Die beiden gegenüberliegenden Türen in der Nord- und in der Südwand sind innen mit zahlreichen eingravierten Wappen versehen. Es handelt sich um die Wappen von Städten und Bundesländern, denen es ein Anliegen war, den Wiederaufbau der Dreifaltigkeitskirche zu unterstützen.[26]

Die Orgel von Steinmeyer

Die Westseite der Kirche, die Turmseite, wird innen durch drei Emporen gegliedert. Die unterste nimmt die volle Raumbreite ein, die beiden oberen sind jeweils etwas kürzer. Die Empore auf der Höhe des Orgelspieltisches ist für den Chor und Musiker gedacht.

Herausragend ist das Orgelwerk auf der Ebene der zweiten und dritten Empore, das bis unter die Decke reicht. Die Orgelpfeifen nehmen ab der dritten Empore

---

26   Vgl. Denkschrift 1959, S. 73 f.

Innentüren mit Wappen der Reformations- und Stifterstädte für den Wiederaufbau der Dreifaltigkeitskirche (Foto: Norbert Rau)

die Breite der Westwand bis unter die Decke ein, zu beiden Seiten sind symmetrisch drei harfenförmige Gruppen angeordnet, nach innen, zur Turmfassade hin, die größten und nach außen sich verjüngend. Diese Orgel, mit 56 Registern, 3 Manualen, 3.744 Pfeifen und Pedal stammt aus der inzwischen nicht mehr bestehenden Werkstatt G. F. Steinmeyer in Oettingen und ist die größte evangelische Kirchenorgel in Rheinhessen.[27]

---

27 Vgl. Denkschrift 1959, Wißmüller, S. 53ff. Seine Auffassung, im Altarraum habe die Orgel liturgisch falsch gestanden, beruht auf dem Eisenacher Regulativ von 1861/1898 und widerspricht dem »Wiesbadener Programm« von 1891, wonach Altar, Kanzel und Orgel eine Einheit bilden sollten, wie dies Friedrich Pützer beispielhaft in Worms 1912 in der Lutherkirche – aber auch in Darmstadt (Pauluskirche), Offenbach am Main (Lutherkirche), Wiesbaden (Lutherkirche) und in weiteren Kirchbauten in anderen Städten – realisiert hat; vgl. auch Böcher, Lutherkirche, S. 6; Reuter, Aus katholischer Hand, S. 85f. und 95–103; Bösken, Orgelgeschichte, S. 493; und Reuter, Kapitel 17.

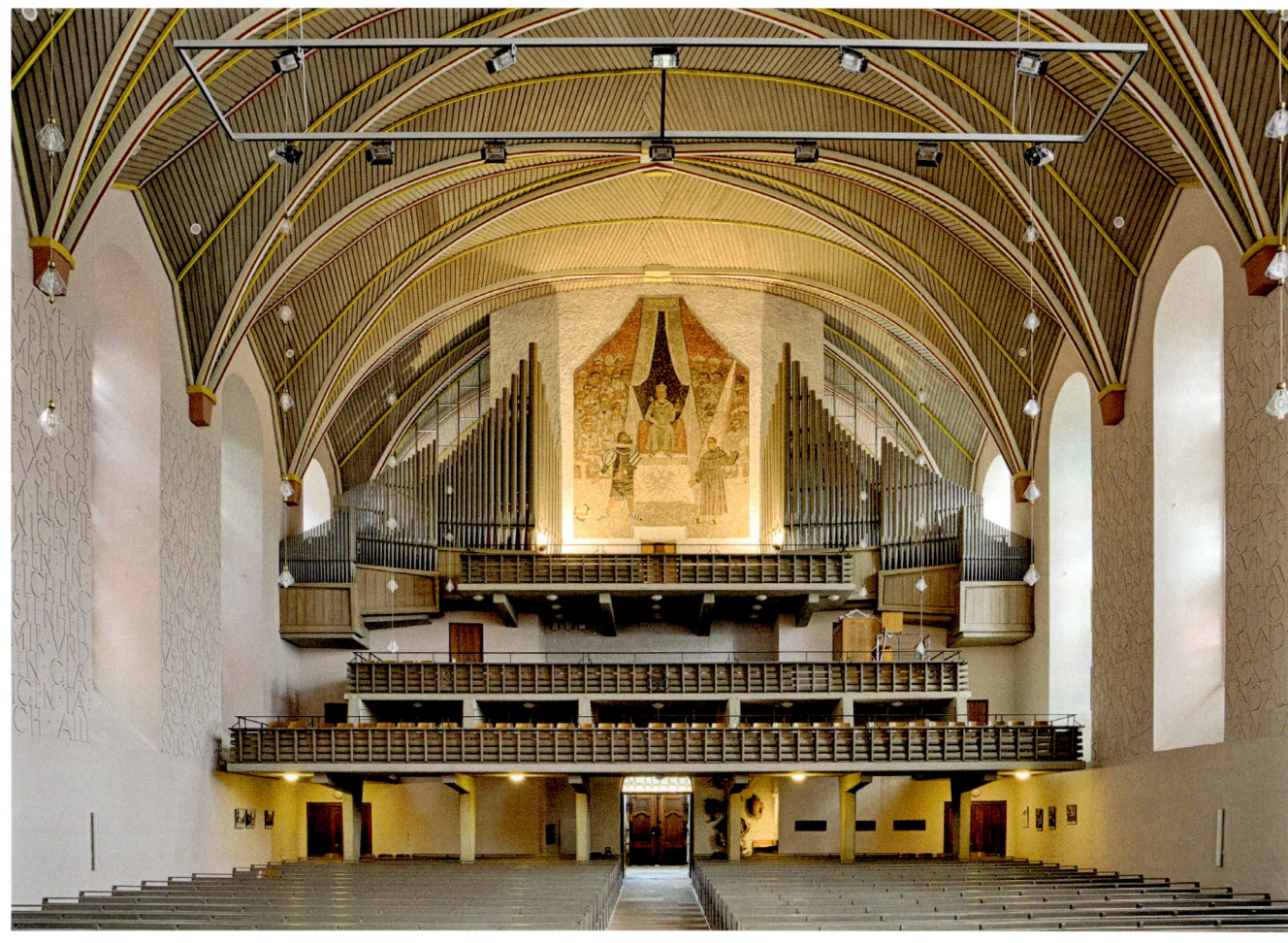

Innenraum, Blick nach Westen auf die Orgel und das Luthermosaik (Foto: Norbert Rau)

Das Mosaik »Luther vor Kaiser und Reich«

An der Turmwand, zwischen den beiden Orgelprospekten, prangt das Mosaik »Luther vor Kaiser und Reich« von Walter Eglin (1895–1966) aus Diegten (bei Basel/Schweiz). Es ist mit 35 m² ungewöhnlich groß und thematisch dem im Krieg zerstörten Gemälde von Seekatz nachempfunden. Doch statt einer Darstellung im Querformat, wie bei Seekatz, wählte Eglin das Hochformat, wobei er mit besonderer Klarheit die drei Hauptfiguren betont. In der Mitte steht der Thron mit hohem Baldachin, der bis zum oberen Bildrand ragt. Der junge Kaiser Karl V. auf dem Thron ist ausgestattet mit Zepter und Reichsapfel. Auf dem Podest des Throns prangt das Wappentier der Habsburger, der doppelköpfige Reichsadler. Für den Betrachter rechts, steht der Wittenberger Professor Dr. Martin Luther, an seiner Tonsur und in der Kutte als Augustinermönch zu erkennen, auf den von schräg oben der goldene Lichtstrahl der göttlichen Erleuchtung fällt. Der Trierer Offizial Dr. Johannes von der Ecken, links zu sehen, befragt Luther und zeigt auf dessen Schriften, die auf dem Boden, unten in der Bildecke, liegen. Aber obenauf liegt die Bibel, kenntlich gemacht durch die Buchstaben Alpha und Omega, auf die sich Luther bei seiner Verteidigung beruft. Zu beiden Seiten neben dem kaiserlichen Thron sind im Hintergrund die Teilnehmer des Reichstags angeordnet: die Kurfürsten mit ihren Beratern und ihrem Gefolge sowie die Vertreter der Reichsstädte, Reichsstände und des Klerus. Eglin beschreibt das von ihm verarbeitete Material, dem Verlauf des Rheins folgend, »*aus den Alpen, dem Schweizer Jura, aus dem Rhein bei Basel, einiges aus dem Schwarzwald, dem Odenwald, von Monsheim und Gundersheim. Die Goldsteine lieferte die Firma Mittinger in Darmstadt.*«[28] Ganz im lutherischen Sinne weist die bildliche Darstellung von Luthers Bekenntnis zwischen den Orgelprospekten auf die Verbindung von Wort und Musik

---

28 Denkschrift 1959, S. 50 f.; Reuter, Dreifaltigkeitskirche 2003, S. 12–13; Reuter, Kapitel 13; Chronik, Bd. 2.

Mosaik von Eglin »Luther vor Kaiser und Reich« (Foto: Norbert Rau)

Medaille zum 250. Jubiläum der Einweihung der Dreifaltigkeitskirche 1975 (Foto: Norbert Rau)

hin. Nicht nur die Reichstags-Thematik hat Eglin hervorragend in seinem Mosaik umgesetzt; er hat auch auf die räumlichen Gegebenheiten und in der Farbauswahl zu den Fenstern passend reagiert. Noch vor der Einweihung der Kirche wurde das Werk von den damaligen Denkmalpflegern gelobt.

Die Kirchensanierungen seit 1975

Für das Kirchenjubiläum 1975 wurden die Balustraden, also die Apostelreliefs, vorbeugend restauriert, wieder unter der Leitung des Architekturbüros Höbel und Brinkmann.[29] Die angewandten Restaurierungsmethoden waren noch nicht ausgereift. Knapp 20 Jahre später, am 4. Februar 1995, löste sich ein Steinbrocken aus dem Kämpfer der Turmfassade unter der Apostelgalerie an der Westfassade, an der Nordwestecke, und stürzte auf den Marktplatz herab. Außer großer Aufregung und Erschrecken ist damals glücklicherweise nichts passiert. Dieser Stein löste jedoch eine große Kirchensanierung aus. Im September 1998 fand seitens des Landes Rheinland-Pfalz die Auftaktveranstaltung zum Tag des offenen Denkmals mit Kultusministerin Dr. Rose Götte in der Dreifaltigkeitskirche statt, um auf die Bedeutung dieser Kirche und die Dringlichkeit der Restaurierung hinzuweisen.[30]

Zahlreiche Untersuchungen wurden vorgenommen und ein Konzept entwickelt. Viele Arbeiten wurden kaum wahrgenommen, wie die Erneuerung der elektrischen Installationen. Das undichte Dach musste neu gedeckt werden. Eine restauratorische Herausforderung war die Ausbesserung der Wasserflecken an der Holzdecke. Das Kircheninnere hatte sich in einen Gerüstwald verwandelt. Bei dieser Gelegenheit wurden die stark verschmutzten Innenwände und Schmuckbuchstaben neu gestrichen, wieder im Farbton von 1959. Schadhafte Stellen in den Fenstern von Buschulte wurden repariert, die Fenster gründlich gereinigt und neu verkittet, aber aus ästhetischen Gründen hat man die Fenstergitter entfernt. Dies hatte zur Folge, dass sich die Zerstörungen der kostbaren Fenster jetzt häufen und man über neue Lösungen nachdenkt. Die reparaturbedürftige Orgel mit ihren 3.744 Pfeifen wurde abgebaut, gereinigt und wieder aufgebaut. Das Westportal mit Türflügeln und Oberlicht-Gitter wurde restauriert. Im Juli 2024 wurde einer der geschnitzten barocken Türflügel mutwillig eingetreten, und es steht eine Wiederherstellung und zusätzliche Sicherung der Türen an.

Wesentlich bei der Großsanierung war jedoch die restauratorische Sicherung und Sanierung aller Sandsteinteile und Putzflächen. Besonderes Augenmerk wurde auf die steinerne Bauzier des Turmes und der Galerien gelegt, und ganz speziell auf die Apostelreliefs. Verschiedene Fotodokumentationen von 1978 bis 2024 zeigen den rasant fortschreitenden Steinzerfall, der zwischendurch dank behutsamer Restaurierungsmethoden etwas gebremst, aber nicht gestoppt werden konnte. Viel Originalsubstanz ist bereits verlorengegangen. Ursprünglich fand sich unter jedem Relief der Namen des jeweiligen Apostels in Stein gehauen, jetzt nur noch bei Matthias, Petrus und Jacobus minor.

Am 9. Dezember 2005 wurde mit einem Festakt der Abschluss der zehn Jahre dauernden Kirchenrenovierung gefeiert. Zahlreiche große und kleine Spenden sowie Landeszuschüsse machten diese dringend notwendige Maßnahme möglich. Aber das Wort »fertig« gibt es bei solch einem Gebäude nie. Die Handwerker geben sich seither im Rahmen von größeren und kleineren Arbeiten die Türklinke in die Hand, es handelt sich unter anderem um weitere elektrische Installationen, die originalgetreue Wiederherstellung schadhafter Lampen der 1950er Jahre, die Restaurierung des Sandsteinfußbodens, das Einrichten des Ausstellungsraumes und immer wieder Nachbesserungen der Maßnahmen der großen Sanierung wie

---

29 Vgl. Chronik, Bd. 3.

30 Für die Restaurierungsarbeiten siehe auch Akte der UD.

beispielsweise Wasserableitungen. Besondere Sorgen bereiten die Sandsteinteile, und gerade die barocken Apostelreliefs von 1725 von Daniel Hader sind alle Bemühungen um ihre Erhaltung wert.

Würdigung und Ausblick

Vor einhundert Jahren, in der Festschrift zur 200-jährigen Gedenkfeier der Einweihung am 31. Juli 1725, wurde die Kirche unter den Aspekten »Predigtkirche«, »Bekenntniskirche«, »Festkirche, »Raum für Volksversammlungen« und »Oratorienkirche« besprochen.

Die Dreifaltigkeitskirche hatte ab 1959 wieder ihren festen Platz als Gottesdienst- und Veranstaltungsort zurückgewonnen und erfüllte weiterhin die vor 100 Jahren festgehaltenen Kriterien:

Vor der deutschen Wiedervereinigung 1990 wurden die Luther- und Reformationsgedächtnisveranstaltungen noch ziemlich konkurrenzlos und groß in Worms und gerade in der Dreifaltigkeitskirche gefeiert – unter Anwesenheit und Beteiligung kirchlicher und weltlicher Prominenz aus der Bundesrepublik Deutschland und dem Ausland. Beispielsweise 1967, zum 450. Jubiläum des Thesenanschlags, war die Kirche bis auf den letzten Platz besetzt.

Beim 450. Reichstagsjubiläum 1521/1971 stand sie als Reformationsgedächtniskirche im Mittelpunkt der Veranstaltungen, ebenso 1983 bei den Veranstaltungen zum 500. Geburtstag von Martin Luther mit der Tagung der EKD-Synode. Die Ausstellung im Museum Andreasstift »Ein feste Burg ist unser Gott« war damals ein bundesweiter Besuchermagnet. Auch in der Luther-Dekade (2008–2017) fanden große Gottesdienste, Ausstellungen und Preisverleihungen statt. Höhepunkt war das 500-jährige Jubiläum des Thesenanschlags, und für Worms folgte das Gedenken von Luthers Widerrufsverweigerung im Rahmen des Reichstags 1521. 2012 hielt Margot Käßmann, die frühere hannoversche Landesbischöfin und Lutherbotschafterin, zur Eröffnung des »Themenjahr Toleranz« die Festpredigt in der Dreifaltigkeitskirche. Das Reichstagsjubiläum konnte wegen der Corona-Pandemie nicht so gefeiert werden wie ursprünglich erhofft. Von diesem Einbruch konnte sich die Gemeinde mit ihren Veranstaltungen bislang nicht mehr erholen.

Für Touristen aus aller Welt, die auf den Spuren Luthers und der Reformation Europa entdecken, ist der Besuch von Worms mit der Dreifaltigkeitskirche ein fester Programmpunkt.

Das 250. Jubiläum der Einweihung Dreifaltigkeitskirche 1975 wurde groß gefeiert. Es gab nicht nur eine Gedenkmedaille, aufgelegt von der Sparkasse Worms; vielmehr wurden hochkarätige Veranstaltungen geboten. Als Festredner konnte der bekannte Theologe Prof. Dr. Helmut Thielicke, Hamburg, gewonnen werden, und die Festpredigten hielten im ökumenischen Geist Landesbischof i. R. Dr. Hanns Lilje, Hannover, zusammen mit dem damaligen Propst am Dom Eckehard Wolff.

Der ökumenische Gedanke spielt bereits seit Juli 1961 eine wichtige Rolle. Auf der Informationsreise durch Deutschland trafen sich ökumenische Würdenträger und Persönlichkeiten aus Europa, Asien und Afrika auch in Worms und von der Regierung der Bundesrepublik Deutschland wurde die Dreifaltigkeitskirche als Gottesdienstort ausgewählt. Zusammen mit der nahegelegenen katholischen Domgemeinde werden ökumenische Gottesdienste gefeiert. Und die Glocken beider Kirchen sind aufeinander abgestimmt; es ist höchst beeindruckend, wenn das große Wormser Stadtgeläut erklingt.

Die Musik ist seit 1959 ein fester Bestandteil der kulturellen Veranstaltungen, nicht zuletzt wegen der hervorragenden Orgel. Die anspruchsvollen Kirchenkonzerte sind aus der Wormser Kulturszene nicht wegzudenken.

Durch die Bildung der »Evangelischen Kirchengemeinde Worms-Innenstadt« ab 2024, einem Zusammenschluss von ehemals fünf eigenständigen Kirchengemeinden, finden in der Dreifaltigkeitskirche, die in vergangenen Jahrhunderten als evangelische Hauptkirche von Worms galt, nur noch selten Gottesdienste statt. Auch das Interesse an den herausragenden Kirchenkonzerten ist rückläufig. Deswegen gestaltet sich die Erhaltung des Gotteshauses immer schwieriger. Umso wichtiger ist es, dass sie wieder in das Bewusstsein rückt, handelt es sich doch nicht nur aus kirchengeschichtlicher Sicht um einen wertvollen Erinnerungsort, sondern auch architektur- und kunstgeschichtlich um eine beachtenswerte und überzeugende Umgestaltung einer barocken Ruine in einen modernen, funktionalen Kirchenbau, wie er in den 1950er Jahren benötigt wurde. Otto Bartning, dem bedeutenden evangelischen Kirchenbauarchitekten des 20. Jahrhunderts, ist dieser geniale Wurf gelungen, und zusätzlich gibt es in Worms noch eine seiner Notkirchen, die bundesweit Symbol für den Aufbauwillen nach 1945 sind. Diese Schätze gilt es zu bewahren.

Volker Johannes Fey

Die Fenster der Dreifaltigkeitskirche

Die Chance der Stunde Null – Einleitung

So traurig es für die alten Wormser war, dass in den Bombennächten des Februars und März 1945 ihre geliebte »Marktkirche« – und mit ihr 90 Prozent der Wormser Altstadt, darunter auch, außer dem Dom, alle anderen Innenstadtkirchen – zerstört waren, so erwies sich doch der Wiederaufbau der Dreifaltigkeitskirche als großer Glücksgriff, in den alle Energie gesteckt wurde.

Wurden in der Festschrift zum 200-jährigen Bestehen 1925 von einem meiner Vorvorgänger, Pfarrer Franz Bernbeck, noch mehrere Optionen erwogen, wie die Kirche umgebaut werden könnte oder sogar müsste, damit sie bspw. für große Oratorien konzerttauglich würde[1], so bot sich nach der völligen Zerstörung die Gelegenheit, alles »ab ovo« neu zu planen.

1935 war die Kirche noch einmal renoviert worden – ohne dass, aus Kostengründen, die Möglichkeit einer Umgestaltung umgesetzt werden konnte. Zehn Jahre später wurde in 20 Minuten der Bombennacht vom 21. Februar 1945 zunichte gemacht, was zuvor, im 18. Jh., binnen 16 Jahren gebaut und danach über 200 Jahre hinweg erhalten worden war.[2]

Der Wiederaufbau geschah unter der Beteiligung aus dem ganzen Land, ja, aus aller Welt. Sogar Dwight D. Eisenhower, der als General die Bombardierung der Stadt befohlen hatte und 1959 mittlerweile Präsident der Vereinigten Staaten war, schickte ein Telegramm zur Einweihung.[3]

Vor allen Dingen war es aber auch gelungen, von Anfang an die besten Kräfte – aus Architektur, Kultur und Theologie – in den Wiederaufbau einzubinden.

Dies gilt insbesondere auch für die theologische Konzeption und die Ausführung der Glaskunstmalereiarbeiten durch den Künstler (Franz) Wilhelm Buschulte (1.11.1923–28.3.2013)[4], dessen Werk durch die Farbigkeit der Fenster den Raumeindruck bis heute bestimmt.

Die Fenster, die die einheitliche monumentale Größe von 7,20 Meter × 1,80 Meter haben, entstanden in den Jahren 1957–1960. Sie sind ein herausragendes Beispiel für von Buschulte erschaffene moderne Monumentalverglasungen, aber noch in einem innerlichen, abstrakten, fast naiven Stil.

Laut seiner Selbstauskunft[5] zeichnete Wilhelm Buschulte schon als Kind gerne, sollte aber nach dem Willen seiner Eltern wegen seines Talents zum technischen Zeichnen eigentlich Maschinenbau studieren. Durch eine schwere Kriegsverwundung kriegsuntauglich geworden und ein Jahr lang ans Lazarett gefesselt, begann er dann aber, noch in den Kriegsjahren, 1943 ein Studium an der Münchner Kunstakademie.

Nach dem Abschluss erlaubte ihm der katholische Dekan seiner Heimatstadt Unna, sich im oberen Turm der dortigen St. Katharinen-Kirche ein Atelier einzurichten, und beauftragte ihn zugleich damit, drei Fenster der Kapelle zu gestalten. Überzeugt von Buschultes Können, empfahl er ihn an Kollegen weiter.

---

1 Vgl. Walter, Dreifaltigkeitskirche 1725–1925, S 59f.
2 Vgl. den Beitrag von Irene Spille in diesem Buch, Kapitel »Zerstörung und Wiederaufbau«.
3 Das Telegramm befindet sich in Verwahrung des heutigen Evangelischen Dekanats Worms-Wonnegau.
4 Zu seinem Lebenslauf vgl. den Artikel: »Wilhelm Buschulte«, in: Wikipedia, https://de.wikipedia.org/wiki/Wilhelm_Buschulte sowie: Jansen-Winkeln, Buschulte, S. 6.
5 Vgl. Interview mit dem Künstler, in: Jansen-Winkeln, Buschulte, S. 9–15.

Der Innenraum der Dreifaltigkeitskirche (Foto: Norbert Rau; Buntglasfenster Wilhelm Buschulte © VG Bild-Kunst, Bonn 2025)

Inhalt

Dr. Ulrich Oelschläger

7 — Grußwort

Adolf Kessel

9 — Grußwort

Pfarrer Volker Johannes Fey und Dr. Irene Spille

11 — Vorworte

Dr. Fritz Reuter (†)

15 — Die barocke Dreifaltigkeitskirche in Worms (1709–1725/1732)
Baugeschichte und Künstler, die erhaltene Apostelgalerie am Turm und die verlorene künstlerische Innenausstattung

Dr. Irene Spille

81 — Die Dreifaltigkeitskirche
Eine moderne Kirche in barocken Mauern

Volker Johannes Fey

115 — Die Fenster der Dreifaltigkeitskirche

155 — Literaturverzeichnis

159 — Register

Umschlagabbildung: Dreifaltigkeitskirche Worms, Turmfassade mit Marktplatz (Foto: Norbert Rau)

Wir danken den Sponsoren, die den Druck dieses Buches ermöglicht haben:
· Evangelisches Dekanat Worms-Wonnegau
· Evangelische Kirche in Hessen und Nassau (Darmstadt)
· Stiftung Rheinhessen Sparkasse (vormals Sparkasse Worms-Alzey-Ried)
· Stiftung RWE für Worms
· Stiftung Volksbank Worms-Wonnegau
· Vereinigte Kasino- und Musikgesellschaft Worms
· VRK (Versicherung im Raum der Kirche), Bruderhilfe-Agentur Worms, Mike Martin

Bibliographische Informationen der Deutschen Nationalbibliothek:
Die Deutsche Nationalbibliothek verzeichnet diese Publikation
in der Deutschen Nationalbibliographie; detaillierte bibliographische Daten
sind im Internet über https://dnb.de abrufbar.

1. Auflage 2025
© 2025 Verlag Schnell & Steiner GmbH, Leibnizstraße 13, 93055 Regensburg
Umschlaggestaltung: Julie August
Satz: typegerecht berlin
Fördert Klimaschutzmaßnahmen
Printed in EU

ISBN 978-3-7954-3883-8

Alle Rechte vorbehalten. Ohne ausdrückliche Genehmigung des Verlags ist es nicht gestattet,
dieses Buch oder Teile daraus auf fototechnischem oder elektronischem Weg zu vervielfältigen.

Weitere Informationen zum Verlagsprogramm erhalten Sie unter:
www.schnell-und-steiner.de

Fritz Reuter (†) · Irene Spille · Volker Johannes Fey

300 JAHRE DREIFALTIGKEITSKIRCHE ZU WORMS

Reformationsgedächtniskirche

SCHNELL + STEINER

300 Jahre Dreifaltigkeitskirche zu Worms – Reformationsgedächtniskirche

Literaturverzeichnis

Ammerich, Hans Das letzte Jahrhundert des Bistums, Weihbischöfe, in: Das Bistum Worms. Von der Römerzeit bis zur Auflösung 1801. Hg. Friedhelm Jürgensmeier, Beiträge zur Mainzer Kirchengeschichte 5. Band, Würzburg 1997.

Bill, Oswald Dokumente zum Leben und Wirken Christoph Graupners in Darmstadt, in: Oswald Bill (Hg.) Christoph Graupner, Hofkapellmeister in Darmstadt 1709-1760, Reihe: Beiträge zur mittelrheinischen Musikgeschichte, Bd. 28, Mainz 1987, S. 73-212 [zit. Bill, Dokumente Graupner].

Bredow, Jürgen – Lerch, Helmut Materialien zum Werk des Architekten Otto Bartning, Darmstadt 1983.

Böcher, Otto Die Bildwelt der Apokalypse des Johannes, in: Jahrbuch für Biblische Theologie, 13/1998, S. 77-105 [zit. Böcher, Bildwelt der Apokalypse].

Böcher, Otto Johannes-Offenbarung und Kirchenbau – Das Gotteshaus als Himmelsstadt, Neunkirchen-Vluyn, 1999.

Böcher, Otto Die Lutherkirche zu Worms (Rheinische Kunststätten Heft 138, 3., neu bearb. Auflage 2011), Köln 2011 [zit. Böcher, Lutherkirche].

Böcher, Otto Evangelischer Kirchenbau in Worms, in: Das Leben bejahen. Dankesgabe an Herbert Wüst zum 50. Ordinationsjubiläum, Grafschaft-Gelsdorf 1986, S. 35–57 [zit. Böcher, Ev. Kirchenbau].

Bönnen, Gerold (Hrsg.) Geschichte der Stadt Worms, Stuttgart 2005 [zit. Stadtgeschichte].

Bösken, Franz Quellen und Forschungen zur Orgelgeschichte des Mittelrheins, Band 1 (Mainz, Rheinhessen, Worms), Reihe: Beiträge zur Mittelrheinischen Musikgeschichte, Bd. 6, Mainz 1967 [zit. Bösken, Orgelgeschichte].

Bonkhoff, Bernhard H. Pfälzisches Glockenbuch, Hg. vom Institut für Pfälzische Geschichte und Volkskunde, Kaiserslautern 2008 [zit. Bonkhoff, Glockenbuch].

Boos, Heinrich Geschichte der Rheinischen Städtekultur, Bd. IV, Berlin 1901 [zit. Boos, Städtekultur IV].

Braun, Joseph Tracht und Attribute der Heiligen in der deutschen Kunst, Stuttgart 1943 (unveränderter Nachdruck München 1974).

Dehio, Georg Handbuch der Deutschen Kunstdenkmäler Bayern I: Franken, München 1979 [zit. Dehio, Franken].

Dehio, Georg – Backes, Magnus Handbuch der Deutschen Kunstdenkmäler Hessen, München/Berlin 1966, S. 230 [zit. Dehio, Hessen].

Dehio, Georg – Gall, Ernst Handbuch der Deutschen Kunstdenkmäler Oberbayern, München/Berlin 1990 [zit. Dehio, Oberbayern].

Dehio, Georg Handbuch der Deutschen Kunstdenkmäler, Rheinland-Pfalz und Saarland, 2. bearb. und erw. Aufl., München/Berlin 1984 [zit. Dehio, Rheinland-Pfalz Saarland].

Dellwing, Herbert Denkmaltopographie Bundesrepublik Deutschland, Kulturdenkmäler in Rheinland-Pfalz, Bd. 1, Stadt Speyer, Mainz 1985, S. 42 [zit. Denkmaltopographie Speyer].

Der Hl. Matthias – »13. Apostel« https://www.katholisch.de/artikel/4523-der-dreizehnte-apostel, abgerufen am 12.05.2024, um 17.15 Uhr.

Die Reformations-Gedächtnis-Kirche zur Heiligen Dreifaltigkeit in Worms am Rhein. Denkschrift zum Tag der Wiedereinweihung am 30. Oktober 1959. Hrsg. von der Dreifaltigkeitsgemeinde in Worms am Rhein, Worms 1959 [zit. Denkschrift 1959].

Die Bibel Übersetzung nach Martin Luther, Deutsche Bibelgesellschaft, Stuttgart, 2017.

Diehl, Wilhelm Pfarrer- und Schulmeisterbuch für die Provinz Rheinhessen und die kurpfälzischen Pfarreien der Provinz Starkenburg (Hassia Sacra III), Darmstadt 1928 [zit. Diehl, Pfarrer- und Schulmeisterbuch].

Diekamp, Busso Auf Martin Luthers Spuren in Worms, in: Werner Zager (Hrsg.), Martin Luther und die Freiheit, Darmstadt 2010, S. 163–265 [zit. Diekamp, Luthers Spuren in Worms].

Duchhardt-Bösken, Sigrid Zur Ausstattung der Pfarrkirche in Heldenbergen, in: Kunst und Kultur am Mittelrhein, Festschrift für Fritz Arens zum 70. Geburtstag, Hg. von Joachim Glatz und Norbert Suhr, Worms 1982, S. 132-137 [zit. Duchhardt-Bösken, Pfarrkirche in Heldenbergen].

Fey, Volker Johannes Das Glockenspiel der Dreifaltigkeitskirche, in: Heimatjahrbuch für die Stadt Worms 2016, S. 99-106 [zit. Fey, Glockenspiel].

Gottwals, Gernot Die St. Katharinenkirche in Frankfurt a. M. – Ein Baudenkmal im Wandel der Zeiten, Regensburg 2012 [zit. Gottwals, Katharinenkirche].

Grimminger, Christina Corpus der barocken Deckenmalerei Bd. 13, München 2008, Textentwurf: Rosner, Johann Michael, Maler in Worms (brieflich dem Verfasser überlassen).

Grünewald, Mathilde – Beyer, Nicole Aus Holz erschaffen – in Marmor gehauen. Das Modell des Altars der Reformationsgedächtniskirche zur Heiligen Dreifaltigkeit in Worms von 1727, in: Der Wormsgau, 29. Bd., 2012, Worms 2012, S. 97-111 [zit. Grünewald, Aus Holz erschaffen].

Haas, Rudolf – Probst, Hansjörg Die Pfalz am Rhein, Mannheim 1967 [zit. Haas, Pfalz am Rhein].

Hotz, Walter Die Magnuskirche. Geschichte des Bauwerks und seiner Ausstattung, S. 3-32, in: Die Magnuskirche in Worms, hg. von der Ev. Magnusgemeinde Worms, 1978 [zit. Hotz, Magnuskirche].

Illert, Friedrich Maria Geschichte der Reformierten Gemeinde und der Friedrichskirche in Worms, Reihe: Wormsgau Beiheft 8, Worms 1939 [zit. Illert, Reformierte Gemeinde].

Jansen-Winkelen, Annette Künstler zwischen den Zeiten – Wilhelm Buschulte, Wissenschaftsverlag für Glasmalerei, Eitorf 1999 [zit. Jansen-Winkelen, Buschulte].

Jöckle, Clemens – Werner, Wolfgang – Hammer, Christel Dreifaltigkeitskirche Speyer, 6. aktualisierte Auflage, Regensburg 2020 [zit. Jöckle, Dreifaltigkeitskirche Speyer].

Joseph, Paul Die Münzen von Worms, bearb. im Auftrag von W. E. Nebel, Darmstadt 1906 [zit. Joseph, Münzen].

Jürgensmeier, Friedhelm (Hrsg.) Das Bistum Worms von der Römerzeit bis zur Auflösung 1801 (Beiträge zu Mainzer Kirchengeschichte, Bd. 5), Würzburg 1997 [zit. Jürgensmeier, Bistum Worms].

Kammer, Otto Die Anfänge der Reformation und des evangelischen Gottesdienstes in Worms, Worms 1983 [zit. Kammer, Anfänge].

Koch, Hans Oskar Johann Theodor Greiner (1740-1797) und die Wormser Stadtorganisten im 18. Jahrhundert, in: Der Wormsgau, 17. Bd., 1998, S. 138-156 [zit. Koch, Wormser Stadtorganisten im 18. Jahrhundert].

Kohlgraf, Peter – Schäfer, Tobias – Janson, Felicitas (Hg.) Der Dom zu Worms, Krone der Stadt – Festschrift zum 1000-jährigen Weihejubiläum des Doms, Regensburg 2018 [zit. Kohlgraf, Schäfer, Janson, Der Dom zu Worms – Krone der Stadt].

Kranzbühler, Eugen Verschwundene Wormser Bauten, Worms 1905 [zit. Kranzbühler, Verschwundene Bauten].

Lambert, Ulrich Die Malerfamilie Seekatz, in: Archiv für Sippenforschung, 42 Jg. Heft 61, Feb. 1976, S. 345-374 [zit. Lambert, Seekatz].

Lernbüchlein für den Konfirmandenunterricht – Katechismus, Lieder. Sprüche, Verlag Vandenhoeck & Ruprecht, Göttingen, 3. Auflage, 1962, S. 5-7 [zit. Luther, Kl. Katechismus].

Mangelsdorff, Patricia Raum der Stille – Mahnmal für den Frieden, in: Dreifaltigkeitsgemeinde Worms, Gemeindebrief Nr. I/2012 (April – Juni 2012), S. 10-12 [zit. Mangelsdorff, Raum der Stille].

Mangelsdorff, Patricia mit Ergänzungen von Fey, Volker Johannes, Geschichten aus Licht – In memoriam Wilhelm Buschulte (†), in: Dreifaltigkeitsgemeinde Worms, Gemeindebrief Nr. III/2013-I/2014 (Nov. 2013 – April 2014), S. 5-6 [zit. Mangelsdorff, Buschulte].

Preßler, Karsten Die Magnuskirche in Worms (Rheinische Kunststätten, H. 469), Köln 2002 [zit. Preßler, Magnuskirche].

Proescholdt, Joachim Emporenmalerei aus St. Katharinen, Ein Frankfurter Kleinod, Frankfurt a. M. 2007 (Studien zur Frankfurter Geschichte Bd. 56, hg. von Evelyn Brockhoff) [zit. Proeschold, Emporenmalerei St. Katharinen Frankfurt].

Reuter, Fritz Friedrich Wilhelm von Schoen. Eine biographische Skizze, in: Stadtverwaltung Worms: Städtisches Spiel- und Festhaus. Festschrift zur Wiedereinweihung des wiederaufgebauten Hauses am 6. November 1966, Worms 1966, S. 31-43 [zit. Reuter, Friedrich Wilhelm v. Schoen].

Reuter, Fritz Worms um 1521, in: Der Reichstag zu Worms von 1521, Reichspolitik und Luthersache, hg. von Fritz Reuter, Worms 1971, S. 13-58 [zit. Reuter, Reichstag 1521].

Reuter, Fritz Pfeifer, Trompeter, Posauner – Quellen zur Wormser Musikgeschichte, in: Der Wormsgau, 10. Bd., 1972/73, S. 29-49 [zit. Reuter, Pfeifer].

Reuter, Fritz Wormser Stadtmusikanten im 18. Jahrhundert, in: Archiv für Hessische Geschichte und Altertumskunde (Festschrift Friedrich Knöpp), NF 32, 1974, S. 257-282 [zit. Reuter, Stadtmusikanten].

Reuter, Fritz Die Verkünder des Lebens Jesu, in: Wormser Zeitung, Oster-Ausgabe 1978 [zit. Reuter, Wormser Zeitung 1978].

Reuter, Fritz Die Reaktion der Freien Stadt Worms auf das Projekt einer Umwandlung des Dominikanerklosters in ein Haus für Weltgeistliche, in: Archiv für mittelrheinische Kirchengeschichte, Bd. 30, 1978, S. 143-159 [zit. Reuter, Reaktion].

Reuter, Fritz Pfarrkirche – Stätte der Reformation – Lutherische Nebenkirche, in: Die Magnuskirche in Worms, hg. von der Ev. Magnusgemeinde Worms, 1978, S, 33-50 [zit. Reuter, Magnuskirche].

Reuter, Fritz Ein Denkmal der Reformationszeit – Die Lutherbibliothek, in: Johannes, Detlef, Lutherbibliothek der Stadt Worms, Gesamtkatalog, Reihe: Der Wormsgau, Beiheft 28, Worms 1983, S. 7-17 [zit. Reuter, Denkmal der Reformationszeit].

Reuter, Fritz WARMAISA – 1000 Jahre Juden in Worms, Reihe: Der Wormsgau, Beiheft 29, Worms 1984 [zit. Reuter, Warmaisa].

Reuter, Fritz Worms – ehemals, gestern und heute. Ein Stadtbild im Wandel der letzten hundert Jahre, Stuttgart 1985 [zit. Reuter, Worms ehemals].

Reuter, Fritz Mehrkonfessionalität in der Freien Stadt Worms im 16.–18. Jh., in: Bernhard Kirchgässner und Fritz Reuter (Hrsg.), Städtische Randgruppen und Minderheiten (Stadt in der Geschichte 13), Sigmaringen 1986, S. 9–48 [zit. Reuter, Mehrkonfessionalität].

Reuter, Fritz Evangelische Jubiläen und Dankfeste in der Freien Stadt Worms im 18. Jahrhundert, in: Blätter für pfälzische Kirchengeschichte und religiöse Volkskunde 54, 1987, S. 253–265, auch Ebernburg-Hefte 21/1987, S. 133–145 [zit. Reuter, Jubiläen und Dankfeste].

Reuter, Fritz Peter und Johann Friedrich Hamman, Handzeichnungen von Worms aus der Zeit vor und nach der Stadtzerstörung 1689 im »Pfälzischen Erbfolgekrieg«, Worms 1989 [zit. Reuter, Hamman Handzeichnungen].

Reuter, Fritz Eine »Kollektenreise« zugunsten des Wiederaufbaus der zerstörten Stadt Worms 1689/90, in: Jahrbuch f. Westdeutsche Landesgeschichte 19/1993 (Festschrift Franz-Josef Heyen zum 65. Geburtstag), Koblenz 1993, S. 378–390 [zit. Reuter, Kollektenreise].

Reuter, Fritz Karl Hofmann und »das neue Worms« – Stadtentwicklung und Kommunalbau 1882–1918, Reihe: Quellen und Forschungen zur hessischen Geschichte 1991, Darmstadt und Marburg 1993 [zit. Reuter, Karl Hofmann].

Reuter, Fritz Worms und der »Pfälzische Erbfolgekrieg«, in: Palatia Historica, Festschrift für Ludwig Anton Döll zum 75. Geburtstag, hg. von Pirmin Spieß (Quellen und Abhandlungen zur mittelrheinischen Kirchengeschichte 75), Mainz 1994, S. 423–431 [zit. Reuter, Pfälzischer Erbfolgekrieg].

Reuter, Fritz Das Wormser Lutherdenkmal und seine Enthüllung vor 125 Jahren, in: Blätter für pfälzische Kirchengeschichte und religiöse Volkskunde 61, 1994 = Ebernburg Hefte, Heft 28, 1994, S. 73–85 [zit. Reuter, Lutherdenkmal Enthüllung].

Reuter, Fritz Zum Nebeneinander von Katholiken und Protestanten in Worms vom 16. bis zum 20. Jahrhundert, in: Blätter für Pfälzische Kirchengeschichte und religiöse Volkskunde, 62. Jg., 1995, S. 317–334, auch Ebernburg-Hefte, 29/1995 (Festschrift Otto Böcher), S. 69–86 [zit. Reuter, Nebeneinander].

Reuter, Fritz Die ev. Dreifaltigkeitskirche in Worms (Rheinische Kunststätten. H. 476), Köln 2003 [zit. Reuter, Dreifaltigkeitskirche 2003].

Reuter, Fritz Das Lutherdenkmal in Worms und die Protestations-Gedächtniskirche in Speyer, in: Blätter für pfälzische Kirchengeschichte 71, 2004.

Reuter, Fritz Aus katholischer Hand – Evangelischer Kirchenbau im Großherzogtum Hessen zu Beginn des 20. Jahrhunderts: Friedrich Pützer, Augusto Varnesi und Ernst Riegel, in: Der Wormsgau, 26. Bd., 2008, S. 75–110 [zit. Reuter, Aus katholischer Hand].

Reuter, Fritz – Spille, Irene Dreifaltigkeitskirche, Regensburg 2019 [zit. Reuter und Spille, Dreifaltigkeitskirche 2019].

Sauer, Klaus-Martin Die Einweihung der Dreifaltigkeitskirche in Worms im Jahr 1725, in: Blätter für Pfälzische Kirchengeschichte, 63. Jg., 1996, S. 387–404; auch Ebernburg-Hefte 30, 1996, S. 135–152 [zit. Sauer, Einweihung].

Saur Allgemeines Künstlerlexikon. Die bildenden Künstler aller Zeiten und Völker, München/Leipzig 1992–2010 [zit. Saur, Künstlerlexikon].

Schmitt, Hermann Johann Baptist Gegg von Eichstätt, Weihbischof von Worms (1716–1730), in: Archiv für Mittelrheinische Kirchengeschichte, 16. Jg. 1963, S. 95–146 [zit. Schmitt, Weihbischof Gegg].

Schneider, Friedrich Festgabe zur Eröffnung des Paulusmuseums zu Worms 9. October 1881. Die St. Paulus-Kirche zu Worms, ihr Bau und ihre Geschichte, Mainz 1881 [zit. Schneider, Paulus-Museum].

Schomann, Heinz Melchior Heßlers Neubau von 1681, in: St. Katharinen zu Frankfurt am Main, Hg. Joachim Proeschold, Frankfurt a.M. 1981, S. 141–163 [zit. Schomann, Heßlers Neubau].

Seip, Achim Synagogenorgeln in Worms und Umgebung, Broschüre zur Ausstellung im Jüdischen Museum (Raschi-Haus) 26. Mai bis 5. September 2010, Hg. Stadtarchiv Worms, Worms 2010 [zit. Seip, Synagogenorgeln].

Spille, Irene Denkmaltopographie Bundesrepublik Deutschland, Kulturdenkmäler in Rheinland-Pfalz, Bd. 10, Stadt Worms, Worms 1992, S. 54–56 [zit. Spille, Denkmaltopographie].

Thieme-Becker Allgemeines Lexikon der bildenden Künstler, Leipzig ab 1907/1908 [zit. Thieme-Becker, Bildende Künstler].

Uhrhan, Heinrich Lutherstadt Worms – Dreifaltigkeitskirche Reformations-Gedächtniskirche, Worms o.J. [zit. Uhrhan, Dreifaltigkeitskirche].

Walter, Friedrich (Bearb.) Die Dreifaltigkeitskirche zu Worms 1725-1925 Festschrift zur Zweihundertjährigen Gedenkfeier der Einweihung am 31. Juli 1725, Worms 1925 [zit. Walter, Dreifaltigkeitskirche 1725-1925].

Weckerling, August Zur Feier der vor 200 Jahren am 31. Juli 1709 erfolgten feierlichen Grundsteinlegung der Dreifaltigkeitskirche in Worms, in: Vom Rhein, Monatsblätter des Wormser Altertumsvereins, 8. Jg., Juli/August 1909, S. 49–64 [zit. Weckerling, Grundsteinlegung].

Weckerling, August Verzeichnis der Mitglieder des Dreizehner Rats der Stadt Worms, in: Vom Rhein, Monatsschrift des Altertumsvereins für die Stadt Worms, Neunter Jahrgang 1910 S. 66ff [zit. Weckerling, Dreizehnerrat].

Weckerling, August Verzeichnis der Mitglieder des Rates der Stadt Worms vom 15. Jahrhundert bis zum Ende der reichsstädtischen Verfassung 1798, in: Vom Rhein, Monatsschrift des Altertumsvereins für die Stadt Worms, 9. Jg. Oktober

1910, S. 74f. und Nov./Dez. 1910, S, 86–90 [zit. Weckerling, Ratsmitglieder].

Weckerling, August Johann Friedrich Seidenbenders Vorschläge für die Wiederaufrichtung der Stadt Worms nach der Zerstörung derselben durch die Franzosen im Jahr 1689, Worms 1894 [zit. Weckerling, Seidenbender].

Wicker, Vernon Die Kirchenkantaten Christoph Graupners, in: Beiträge zur mittelrheinischen Musikgeschichte Nr. 28 (siehe Bill) [zit. Wicker, Kirchenkantaten Graupners].

Wißmüller, Theodor Die Orgeln der Kirche, in: Die Reformations-Gedächtniskirche ... Denkschrift 1959 [zit. 1959, Wißmüller].

Wikipedia Artikel »Wilhelm Buschulte«, https://de.wikipedia.org/wiki/Wilhelm_Buschulte, abgerufen am 25.09.2020, 11:45 Uhr.

Wörner, Ernst Kunstdenkmäler im Großherzogtum Hessen, Provinz Rheinhessen, Kreis Worms, Darmstadt 1887 [zit. Wörner, Kunstdenkmäler Worms].

Wohlfeil, Rainer Der Wormser Reichstag von 1521 (Gesamtdarstellung), in: Der Reichstag zu Worms von 1521, Reichspolitik und Luthersache, hg. von Fritz Reuter, Worms 1971 [zit. Wohlfeil, Reichstag von 1521].

31. Juli 1725 – 31. Juli 1975 250 Jahre Dreifaltigkeitskirche in Worms am Rhein, hg. vom Kirchenvorstand der evangelischen Dreifaltigkeitsgemeinde Worms.

Weitere Quellen

»Arbeitsgemeinschaft Otto Bartning« (www.otto-bartning.de)

Stadtarchiv Worms Abt. 111 Dreifaltigkeitskirche, hier besonders zu nennen:
- StadtA. 111/57 Fotoalbum Dreifaltigkeitskirche
- StadtA. 111/56, 5 und 6 Akkord Rosner und Seekatz

Stadtarchiv Worms Abt. 202 Nr. 445/1–3 Chronik der Dreifaltigkeitsgemeinde Worms 1945–1980, verfasst von Pfarrer Heinrich Uhrhan [zit. Chronik]

Weitere Archivalien aus dem Stadtarchiv Worms werden in den entsprechenden Anmerkungen zitiert.

Untere Denkmalschutzbehörde der Stadt Worms, Akte Dreifaltigkeitskirche [zit. Akte UD]

Evangelische Dreifaltigkeitsgemeinde:
- Einweihungsschrift von 1725: Wormbsisches Denckmahl wegen des Freuden-Festes, so die Evangelisch-Lutherische Gemeinde daselbst im Jahr 1725, den 31. Juli Auf Verordnung Eines Hoch-Edlen und Hoch-Weisen Magistrats Bey Einweihung ihrer neuen Kirchen Zur Heiligen Dreyfaltigkeit genannt Feyerlichst begangen ... [zit. Wormbsisches Denckmahl]
- Schmuckurkunde zum Wiederaufbaubeschuss, Tag der Heiligen Dreifaltigkeit 1947 [zit. Urkunde Wiederaufbau]
- Schmuckurkunde zum Baubeginn, Sonntag Judica 1955 [zit. Urkunde Baubeginn]

Personenregister

A

Antes, Adam, Bildhauer 102

B

Bartning, Otto, Architekt 81, 87, 88, 92, 102, 113
Bauer, Adam, Maurermeister 22, 26, 30
Bernbeck, Franz, Pfarrer 115
Bernhardt, Johannes, Zimmermann S.26
Bertholdi, siehe Pardolt
Böhm, Maximilian Peter, Dreizehner und Kirchenbaudeputierter 28, 37, 40, 44, 63, 64, 68, 72, 77, 79
Brentano, Antonio, Mannheimer Hoflieferant 68
Brentano, Franz, Spezereiwarenhändler 68
Brinkmann, Heinz Conrad, Architekt 87, 92, 101, 112
Brunner, Leonhard, Pfarrer 15
Buschulte, Wilhelm, Glaskünstler 105, 112, 115, 118, 119, 122, 124, 128, 130, 132, 134, 144

C

Carlebach, Daniel, Händler 30
Cavaillé-Coll, Aristide, Orgelbauer 72

D

Dieter, Verwalter »Magni Collectur« 63, 78
Dörzbach, Otto, Architekt 87

E

Eck(en), Dr. Johann(es) von der, Jurist Offizial 60, 110
Eglin, Walter, Mosaikkünstler 110, 111, 112
Eisenhower, Dwight D., amerik. Präsident 115

F

Fehr, P., Kupferstecher 22, 38
Fischer, Mechanicus, Erfurt 72
Fischer, Theodor, Architekt 94

G

Gegg, Johann Baptist, Wormser Weihbischof 43
Gegg, Johann Michael 43
Georgioli, Peter Franciscus, Marmorierer 30, 68, 69, 71, 102
Gerstenmaier, Ernst, Theologe 87, 119
Geyer, Anna Maria 106
Geyer, Johannes, Stättmeister 81, 105, 106

Götte, Rose, Kultusministerin 112
Götz, Philipp Peter, Pfarrer 44, 49
Goltschmit, Johannes Georg, Hufschmied und Wormser Bürger 37
Gosmann, Heinrich Ludwig, Glockengießer 73
Graber, Johann Peter, Baumeister in Mannheim 27
Graf, Kirchenrat 24
Graupner, Johann Christoph, Hofkapellmeister in Darmstadt 49, 50, 71
Greibner, Marx, Stuckateur 31, 40, 45
Greiner, Johann Theodor, Stadtorganist 72

H

Habich, Ludwig, Bildhauer 76, 81, 102, 103, 106
Hader, Johann Daniel, Schnitzer und Bildhauer 33, 63, 64, 65, 68, 72, 73, 94, 113
Hamman, Peter, Schreiner und Zeichner 18, 19, 59
Haritz, Vincentz, Maurermeister 37
Heid, Jürgen, Künstler 106
Henn, Ulrich, Bildhauer 97, 106, 136
Herrig, Hans, Autor Lutherfestspiel 73
Heßler, Melchior, Stadtbaumeister in Frankfurt 27
Heyl, Gernot, Stadtbaurat 94
Heyl zu Herrnsheim, Cornelius Wilhelm Karl Freiherr von 76, 102
Heyl zu Herrnsheim, Ludwig Cornelius Freiherr von 87, 106
Heyl zu Herrnsheim, Sophie, Freifrau von, Stifterin 76
Höbel, Peter, Architekt 87, 92, 101, 112
Hofmann, Karl, Wormser Stadtbaumeister 21, 22
Hoh, Josef, Bildhauer 108
Hoos, Johann Peter, Schreiner (Orgel) 71, 72
Hotz, Philipp, Architekt 81, 92
Hotz, Walter, Kunsthistoriker und Pfarrer 95

IJ

J(a)eckel, Johann Christian, Orgel- und Klavierbauer S.72

K

Käßmann, Margot, Landesbischöfin 113
Karl V., Kaiser 19, 50, 58, 59, 60, 61, 62, 73, 95, 110
Keim, Dekam bzw. seine Töchter, Stifter 76
Kellenbach, Friedrich Freiherr von, Wormser Bürger 106
Kienast, Wormser Goldschmiede 33

Knode bzw. Knodt, Johann Franz, Stättmeister 32, 65, 106
Knodt, Maria Charitas 106
Köhler, Heinrich Johannes, Zimmermeister 63
Köhler, Walter, Baurat 92
Körner, Nikolaus, Schlossermeister 26, 35
Kranzbühler, Druckerei 23

L
Lamprecht, Johann Ernst, Wormser Bürger 106
Lang(e), Johann Christian, Steinhauer 30, 63, 68
Lautz, Johann Michael, Pfarrer 24, 25, 44, 48
Lempp, Rudolf, Architekt 94
Leopard, Jacob Friedrich, Kirchenrechner 24, 25
Lichtenberg, Johann Conrad, Pfarrer 50
Lichtenberg, Johann Philipp, Wormser Bürger 50
Lilje, Hanns, ev. Theologe, Landesbischof 113
Linck, Johannes, Münzwardein 19
Ludwig XIV., König von Frankreich 15
Luther, Martin, Theologe und Reformator 17, 19, 20, 50, 52, 58, 59, 60, 61, 62, 73, 75, 76, 95, 102, 104, 105, 110, 113, 118, 119, 121, 122, 142, 150

M
Maucher, Johann Friedrich, Bildhauer 30, 63, 69, 71, 72, 73
Mannheimer, Jacob, Händler 19
Maurus, Hrabanus 65
May, Alfred, Leiter Kirchenamt 87, 106
Mayer, Johann, Orgelbauer 71, 72
Meckel, Nikolaus, Protokollant 25
Meel, Johann Heinrich, Pfarrer 23, 51
Melanchthon, Philipp, Theologe 58
Merian, Matthäus, Zeichner und Kupferstecher 51
Meyer, Johannes, Pfarrer 49
Mittinger, Fa., Lieferant für Mosaiksteine 110
Möllinger, Uhrmacher 35
Moritz, Johann Friedrich, Dreizehner und Kirchenbaudeputierter 26, 28
Moritz, Philipp Christian, Dreizehner und Kirchenbaudeputierter 28, 37, 40, 44, 63, 64, 68, 77, 78, 79

N
Niemöller, Martin, ev. Theologe, Kirchenpräsident 87, 93
Nonnenmacher, Gustav, Bildhauer 106

O
Oidtmann, Heinrich, Kunstwerkstätte für Glasmalerei 105, 119, 124, 126, 128, 132, 144

P
Pardoldt, Johann Heinrich (Henerich), Zimmermeister 25, 37
Pedetti, Francesco, Marmorierer 30, 68, 69
Preu, Ulrich, Pfarrer 17

QR
Remshardt, Carl, Kupferstecher und Buchillustrator in Augsburg 58, 59, 60

Renz, Georg, Bürgermeister bzw. seine Frau, Stifterin 76
Reuß, Johann Georg, Lieutenant und Wormser Bürger 37
Rietschel, Ernst, Bildhauer 59, 76
Rincker, Glockengießerei 93, 101
Rosner, Johann Michael, Maler 30, 37, 40, 42, 43, 44, 45, 51, 68, 69, 72, 77, 78

S
Sauer, Wilhelm, Orgelbauer 71, 72
Schmitthenner, Paul, Architekt 92
Schneider, Johann Friedrich, Steinhauermeister in Ebertsheim 30, 39, 64
Schoen, Friedrich Wilhelm von, Mäzen 73, 76
Schütz-Wolff, Johanna, Künstlerin 103, 105, 119
Schulz, F.W., Stadt- und Hoforganist, Mannheim 72
Schurf, Hieronymus, sächs. Rat 62
Seekatz, Friedrich Heinrich, Maler 73
Seekatz, Johann Martin, Maler 37, 40, 45, 50, 51, 52, 58, 60, 69, 71, 72, 78, 79
Seekatz, Johann Ludwig, Maler 58, 59, 71, 73, 110
Seekatz, Philipp Christian, Maler 58
Seidenbender, Johann Friedrich, Dreizehner 17, 51
Speck, Nikolaus, Pfarrer 23, 44
Spelter, Johann Ludwig, Drucker 48
Spener, Philipp Jacob, Pfarrer 51
Steidel, Johann (Hans) Georg, Zimmermeister 35, 63
Steinmeyer, G.F., Orgelbauer 108, 109
Stock, Johann Conrad, Wormser Bürger 106

TU
Thielicke, Helmut, Prof., ev. Theologe 113
Uhrhan, Heinrich, Pfarrer 87, 106, 119

V
Vater, Christian, Orgelbauer 71
Villiancourt, Capitain-Ingenieur 17, 18, 20, 21, 22, 31, 38, 71

W
Wandesleben, Peter, Kassenadministrator und Kirchenvorstand 28, 30, 63, 64, 65, 68, 72
Weise (Weiß), Elias Christoph, Dreizehner und Kirchenbaudeputierter 24, 25, 28, 106
Weiß, Anna Charitas 106
Werger, Stifter, Brauereidirektor 76
Weyher, Daniel, Dreizehner und Kirchenbaudeputierter 26
Wirnhirn, Johann Peter, Dreizehner und Kirchenbaudeputierter 24, 25, 28
Wolff, Eckehard, Propst am Dom 113
Wrede, Heinrich Ernst Wilhelm Freiherr von, Wormser Bürger 106
Wrede, Maria Luisa Freifrau von 106

XYZ
Zech, Johann Gabriel, Stadtorganist 71
Zimmermann, Christoph, Glockengießer 73